饌®工厂

[意] 安娜·玛丽亚·利贝拉蒂　法比奥·波尔本———著

赵天奕———译

古罗马
ANCIENT ROME

中国友谊出版公司

扉页图 卡皮托林山的母狼象征着罗马的神秘起源。这尊伊特鲁里亚人制作的青铜雕像可以追溯到公元前5世纪，母狼下方的双胞胎由15世纪的雕刻家波拉伊奥罗添造。

本跨页图 几个世纪以来，坐落在帕拉丁山脚下的山谷里的罗马广场一直是罗马公共生活的中心。广场建有各种公共建筑，如神庙、长方形会堂、凯旋门和纪念柱，用于各种场合。

下一跨页图 马可·奥勒留圆柱坐落在基吉宫前，修建于176年至193年间，为庆祝皇帝马可·奥勒留战胜日耳曼人和萨尔马提亚人。圆柱不到30米高，柱身饰有螺旋状浮雕，描绘了其军事战役的各个阶段。

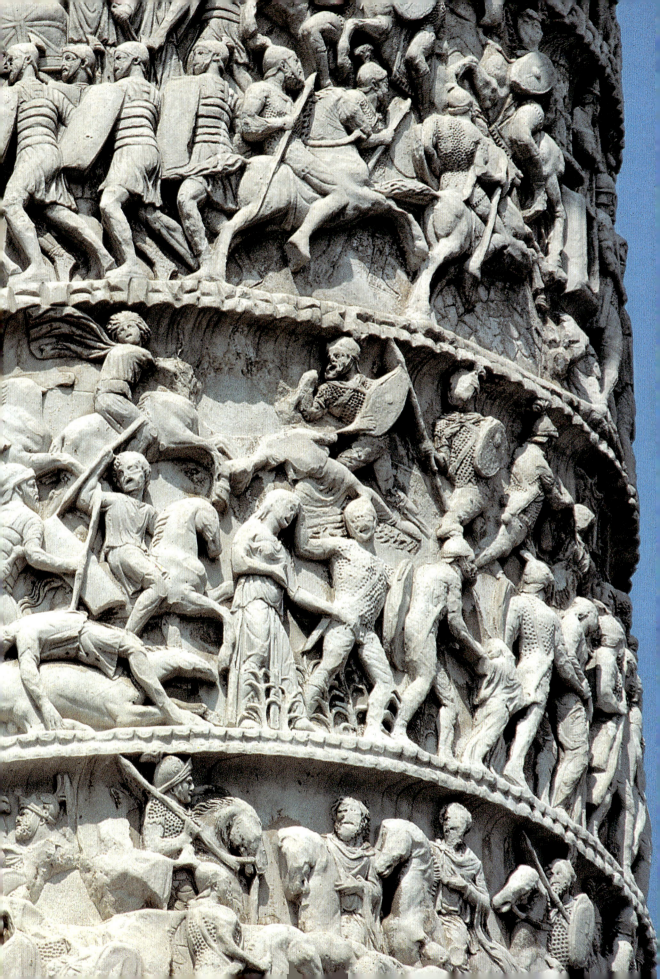

巴尔夏明神庙是巴尔米拉最壮观的遗址之一。巴尔米拉是叙利亚境内的贸易古城，于 2 世纪并入哈德良统治下的罗马帝国。

上图 这幅精致的庞贝壁画描绘了一个沉思的女孩,她一手将羽毛笔抵在唇间,一手拿着蜡版(古希腊、罗马的书写材料),被称为"女诗人"。

下页图 这幅奥古斯都的"艺术肖像照"是第一门的奥古斯都雕像的局部细节图,这位罗马帝国的开国君主身着指挥官胸甲,意气风发。

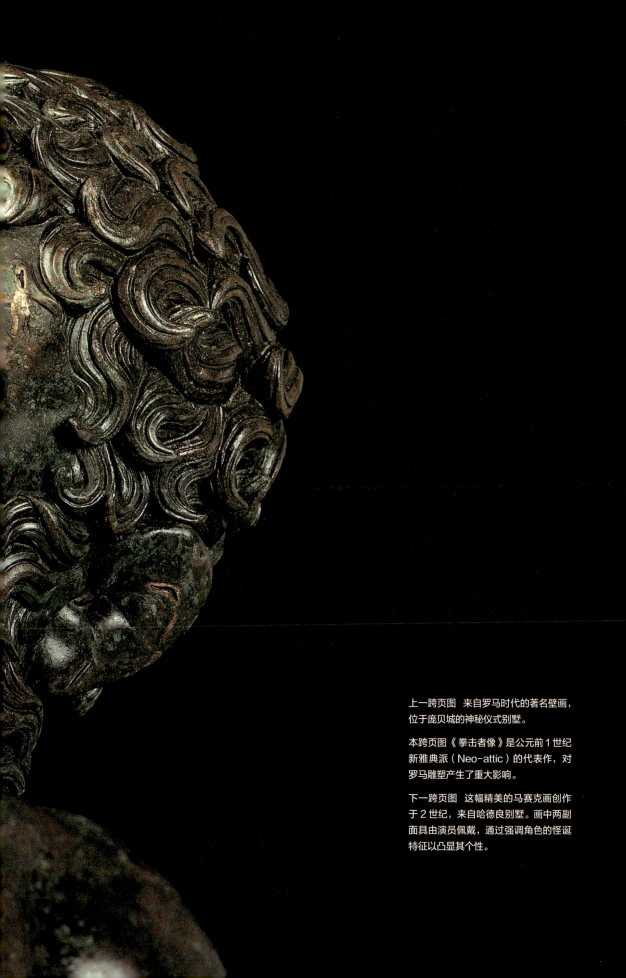

上一跨页图 来自罗马时代的著名壁画，位于庞贝城的神秘仪式别墅。

本跨页图《拳击者像》是公元前1世纪新雅典派（Neo-attic）的代表作，对罗马雕塑产生了重大影响。

下一跨页图 这幅精美的马赛克画创作于2世纪，来自哈德良别墅。画中两副面具由演员佩戴，通过强调角色的怪诞特征以凸显其个性。

这块名为"Gemma Claudia"的浮雕宝石制作工艺复杂，用于纪念领袖人物和宫廷生活的重要事件。左为皇帝克劳狄和皇后小阿格里庇娜，右为英勇的指挥官、提比略的养子日耳曼尼库斯和妻子大阿格里庇娜。

这件红条纹玛瑙浮雕被称为"法兰西的伟大浮雕"，于1世纪制作，描绘了提比略皇帝被他的母亲利维娅和其他朱里亚·克劳狄家族成员所簇拥的情形。

目录 | CONTENTS

前言 | PREFACE

　　即使是在当今这个科技时代，罗马文明依然具有令人无法抵抗的吸引力。几个世纪以来，罗马文明留给我们的不仅是考古遗迹和学术论文中的抽象概念，还是一种有形遗产，仍活跃在我们生活的世界中。而且，我们越了解它，就会有越多惊人的发现。无论是奥斯提亚的住宅区，还是工程系统，抑或是从大不列颠到叙利亚的复杂供水系统，以及将最偏远的城镇与帝国中心连接起来的高效道路网络，都表明这是一个技术高度发达的社会。从文艺复兴到后现代，罗马世界的建筑类型、建筑风格和装饰品位都广泛地体现在艺术语言中，为我们所熟知。即使是社会问题、无休止的政权争斗，以及古罗马骄奢淫逸且堕落的生活方式，对我们来说也绝不陌生。

　　无论如何，古罗马留下的深远影响渗透到我们日常生活的许多方面。我们往往只是在潜意识里知道这一遗产，而显然不可能在每次拧开水龙头解渴时，都能想起我们刚刚使用了两千多年前设计的机械装置。同样，我们不会每天都想到，保护我们权利的法律体系源自罗马法学家的著作。

　　讲述罗马的历史和文化不是一件容易的事，因为它对世界上很大一部分地区文化的影响长达一千多年。因此，我们尽可能清晰和直观地描述古罗马的社会、政治、文化和艺术等各个方面的内容，为大家呈现栩栩如生的古罗马。本书各章节的安排能让即使是最不专业的读者也可以熟悉这个高度复杂的世界，也不会使要求较高的读者感到乏味。我们相信，他们仍会在此书中发现许多乐趣。

　　本书通过分析古罗马文明的各个历史阶段（从远古时代到帝国衰落），以及罗马人日常生活中最为有趣的方面，着重强调了古罗马文明的基本特征，以使概述既不过于复杂，也不过于简单，而且尽可能充满趣味。

本书尤其关注意大利和帝国各行省的罗马文明遗址，并详细描述能够充分体现古罗马影响力的考古遗址。罗马文化有时与当地文化碰撞，甚至将其扼杀，有时又融入其中，取得了令人钦佩的成就。大量的图片资料在本书中起到重要作用，其中包括许多新照片和专门拍摄的航拍图。航拍图能够突出遗迹和城镇规划的结构特征和其他细节，帮助人们更好地欣赏。我们相信，本书中的几十张图表、平面图、黑白画，以及复杂的彩色插画，将比许多鸿篇巨制都更能重现一个曾经征服世界的文明的辉煌。

古罗马斗兽场规模宏大，是罗马最大的圆形剧场，用于角斗和猎杀野兽。这张航拍图展示了斗兽场的内部结构，其承重设施全部用石灰华建造，由火山岩和砖石连接，还可以清楚地看到竞技场地下错综复杂的地下室。

罗马帝国
从起源到衰落

由于罗慕路斯和雷穆斯的传说流传甚广，母狼在古罗马被视为神圣的动物和城市的象征。由铭文可知，公元前 296 年，人们制作了一尊献给母狼的雕塑（在共和国和帝国时代经常出现在硬币上），而在此之前，卡皮托林山已经有了一尊母狼雕像。目前陈列于保守宫的这尊雕像通常被认为是后者，可能由一位伊特鲁里亚工匠制作。然而，这个谜至今没有解开。

起源

公元前 8 世纪，拉丁姆（今意大利拉齐奥大区）居住着一群牧羊人和农民，即拉丁人。他们占据了该地的平原和沿海地区，分散在许多村庄中。这些村庄各自独立，但信仰共同的宗教，在文化上受到附近伊特鲁里亚人和希腊人的影响。其中一个叫"罗马"的村庄位置优越，位于台伯河附近，渡河非常便利，便于贸易。在被伊特鲁里亚人控制以前，罗马由国王统治，发展水平远超其他拉丁村落。相传，伊特鲁里亚王朝之前的四位国王采取了诸多举措，为罗马未来的强大铺平了道路，其具体年代难以考证。相传罗慕路斯于公元前 753 年（普遍认定的年份，由恺撒时期学者马尔库斯·特伦提乌斯·瓦罗提出）建立罗马城，还设立元老院，允许萨宾人定居罗马，使得该地人口增加；努马·庞皮利乌斯举行宗教仪式和礼拜，建立祭司教团，修改历法，将一年分为 12 个月；图利乌斯·霍斯提利乌斯（前 673—前 642 年在位）摧毁敌城阿尔巴隆加，扩大了罗马的统治范围；安库斯·马尔西乌斯（前 642—前 617 年在位）在台伯河上架起了第一座桥梁，并在河口建立奥斯提亚殖民地，罗马得以直通地中海。公元前 7 世纪末，伊特鲁里亚人的势力扩张到拉丁姆和坎帕尼亚地区，罗马城也在其统治之下。相传，罗马有三位国王是伊特鲁里亚人，分别为塔克文·普利斯库斯（前 616—前 579 年在位）、塞尔维乌斯·图利乌斯（前 578—前 535 年在位）和塔克文·苏帕尔布斯（高傲者塔克文，前 534—前 510 年在位）。三王统治期间，罗马城繁荣昌盛，从一个纯粹的农牧业城镇转变为贸易和商业中心。社会由贵族，即最富有和最有权势的家族，以及地位较低的平民构成。国王在宗教、政治、军事、立法和司法领域行使权力，但将一定程度的权力交给两个协商机构：元老院（由贵族家族的首领构成）和库里亚大会。库里亚大会即公民大会，共有 30 个库里亚[1]，再分为三个氏族部落，由贵族

1　库里亚（curia，复数为 curiae），公民组织单位、区划单位，根据其拉丁文原意，所有集会都可以称为库里亚。共和时期，意大利的其他地方，以及自治城镇、殖民地都建立起库里亚。帝国时期，地方议事会也可称为库里亚。库里亚一词不仅指集会，也指集会的会堂建筑。自王政时期以来的元老院议会堂也被称为库里亚。——编者注（除了书名原文，书中斜体均为未归化为英文的词汇，一般是拉丁文。）

罗马的起源仍是个谜。希腊历史学家认为,罗马是特洛伊英雄埃涅阿斯建立的城镇之一,特洛伊沦陷后,埃涅阿斯逃往意大利。而第一位罗马史学家费边·皮克托则相信罗慕路斯和雷穆斯的传说——这座2世纪的祭坛所雕刻的这个传说。这对双胞胎是弗斯塔神的女祭司西尔维亚和战神马尔斯的孩子,被遗弃在台伯河畔,后被母狼救下,由牧羊人法斯土路抚养长大。两兄弟长大后,杀死了篡位者阿穆利乌斯,罗慕路斯为罗马城的建立奠定了基础,成为第一位国王。

古罗马广场出土的火葬坟墓中有很多茅屋形状的骨灰瓮,其年代可追溯到公元前10世纪—前8世纪。这些骨灰瓮展现了罗马人最早的典型住宅,尽管其刻画已趋风格化,但仍具有特殊意义。

上页图 著名的《维伊的阿波罗》被认为是乌尔卡（Vulca）的作品，他是唯一一位姓名尚存的伊特鲁里亚艺术家。塔克文·普利斯库斯曾召乌尔卡到罗马，为卡皮托林山的朱庇特神庙塑造朱庇特雕像。

本页图 尽管最后几位国王都是伊特鲁里亚人，罗马城始终保持着自身的独立。然而，很明显的是，最初的罗马文化、艺术和建筑都受到了伊特鲁里亚人的极大影响。罗马人不但借鉴了伊特鲁里亚人的典礼、权力象征物和一些宗教仪式，还从伊特鲁里亚进口了大量商品。可以肯定的是，许多伊特鲁里亚工匠曾被召集到罗马，修筑公共建筑，装饰神庙。此处展示的两块瓦檐饰和彩色赤陶饰带可以让我们略知一二。直到公元前 4 世纪，罗马艺术才开始脱离伊特鲁里亚－意大利风格，展现出原有的特征。尤其在雕塑领域，很长一段时间都保留了（实际上强调了）强烈的写实主义倾向。

控制。塞尔维乌斯·图利乌斯为了约束贵族权力，帮助新贵们提高社会地位，依据普查结果将人口划分为"百人团"，设立森都里亚大会。与此同时，罗马的统治范围开始向周围的拉丁姆地区扩张。罗马城中心由坚固的城墙守护，筑有神庙和公共建筑，比同时期拉丁姆和伊特鲁里亚地区的主要城市都大得多。高傲者塔克文被逐出罗马（前509），标志着伊特鲁里亚统治的结束及其势力的衰落，也象征着敌视新兴阶层的贵族政权的诞生，而新兴阶层曾为君主政权所支持。

这尊赫尔墨斯陶土头像产生于公元前 6 世纪，来自维伊（Veii）城内一座神庙的装饰雕塑群。维伊是一座大型的伊特鲁里亚城市，与罗马为敌，公元前 396 年被马尔库斯·弗里乌斯·卡米路斯摧毁。这件作品也被认为是乌尔卡的作品。

长达 11 个世纪的统治

罗马城的建立和王政时代：前 753—前 509 年

相传，罗慕路斯（雷穆斯之兄）于公元前 753 年 4 月 21 日建立了罗马城。根据传统说法，直至公元前 509 年，共有七位国王统治过罗马。然而考古发掘表明，早在公元前 10 世纪时，帕拉丁山（罗马城最初的核心区域）上就出现了第一座棚屋聚落遗址。大约在公元前 575 年，台伯河边的两片沼泽地被铲平，用于建造古罗马广场和屠牛广场。罗马开始向拉丁姆扩张，摧毁了阿尔巴隆加城，在台伯河口建立了奥斯提亚殖民地。塔克文·普利斯库斯在位期间，伊特鲁里亚人开始统治罗马，并向坎帕尼亚扩张。社会出现了贵族和平民的分化。

罗马建城
（前 753）

罗慕路斯统治时期
（前 753—前 715）

努马·庞皮利乌斯统治时期
（前 715—前 673）

图利乌斯·霍斯提利乌斯统治时期
（前 673—前 642）

安库斯·马尔西乌斯统治时期
（前 642—前 617）

塔克文·普利斯库斯统治时期
（前 617—前 579）

塞尔维乌斯·图利乌斯统治时期
（前 579—前 535）

高傲者塔克文统治时期
（前 535—前 509）

驱逐高傲者塔克文，进入共和国时期
（前 509）

罗马共和国时期，贵族与平民之间的矛盾：前 509—前 343 年

伊特鲁里亚人被驱逐出罗马后，卢西乌斯·朱尼乌斯·布鲁图斯和卢西乌斯·塔克文·柯来提努斯（Lucius Tarquinius Collatinus）被选举为第一任执政官，罗马共和国成立。贵族与平民之间长期严峻的社会矛盾开始了。公元前 493 年，罗马加入拉丁同盟。公元前 494 年，设立平民保民官和部落大会，保护平民阶层的权利。公元前 451 年起，军队按"百人队"编排。同年，成立十人委员会，颁布《十二铜表法》。公元前 396 年，罗马占领维伊城。公元前 390 年，罗马遭高卢人洗劫，但很快恢复实力，继续推行扩张政策。公元前 367 年，平民获得当选执政官的权利。几年后，平民被准许进入主要的地方行政机构。

罗马在雷吉鲁斯湖击败拉丁人
（前 496）

设立平民保民官
（前 494）

制定《十二铜表法》
（前 451）

允许贵族与平民通婚
（前 445）

摧毁维伊城
（前 396）

高卢人火烧罗马
（前 390）

允许平民担任执政官
（前 367）

征服意大利和布匿战争：前 343—前 146 年

公元前 343—前 341 年，罗马人与萨莫奈人首次交战，当时，萨莫奈人的统治范围直抵意大利南部。公元前 338 年，罗马宣布解散拉丁同盟。第二次萨莫奈战争中，罗马人在卡夫丁峡谷被击败。第三次萨莫奈战争中，罗马在公元前 290 年取得决定性胜利。公元前 280 年，为援助塔林敦，伊庇鲁斯国王皮洛士率军抵达意大利，五年后在贝内文托被罗马击败。迅速扩张的罗马与迦太基发生冲突；公元前 201 年，第二次布匿战争结束，罗马控制了地中海。公元前 146 年，迦太基被夷为平地，罗马吞并了希腊和马其顿。

萨莫奈战争
（前 343—前 290）

击败皮洛士
（前 275）

第一次布匿战争
（前 264—前 241）

罗马人占领撒丁岛和科西嘉岛
（前 238）

罗马人占领山南高卢
（前 222）

第二次布匿战争
（前 218—前 201）

罗马人建立西班牙行省
（前 197）

第三次布匿战争：摧毁迦太基
（前 149—前 146）

摧毁科林斯，占领马其顿和希腊
（前 146）

罗马共和国的危机：前 146—前 78 年

公元前 130 年，罗马建立亚细亚行省，而此时的共和国冲突不断。保民官提比略·格拉古挑战元老院权威，试图推行农业改革，后被杀害。公元前 123 年，平民保民官盖乌斯·格拉古重申其兄提比略的土地法，后来也遭杀害。公元前 125 年至前 121 年，罗马征服高卢南部。公元前 105 年，盖乌斯·马略赢得朱古达战争，并在同年重组军队。公元前 91 年至前 88 年，罗马和意大利同盟者爆发同盟战争，后者最终获得罗马公民权。卢西乌斯·科尔内利乌斯·苏拉建立独裁统治，修改宪法，重新建立起元老院的绝对权威。

提比略·格拉古遇害
（前 133）

盖乌斯·格拉古遇害
（前 121）

朱古达战争
（前 112—前 105）

马略击败条顿人和辛布里人
（前 102—前 101）

同盟战争
（前 91—前 88）

盖乌斯·马略去世
（前 86）

苏拉赢得第一次米特拉达梯战争
（前 87—前 85）

苏拉建立独裁统治
（前 82）

苏拉死于庞贝城
（前 78）

恺撒时代和共和国的灭亡:
前78—前44年

在罗马经历社会大动荡时,元老院的寡头统治逐渐衰弱。公元前70年,庞培当选执政官。公元前64年,庞培征服本都、比提尼亚和巴勒斯坦。公元前63年,西塞罗粉碎了喀提林阴谋。公元前60年,恺撒、庞培和克拉苏建立前三头同盟,共同对抗元老院。公元前58年至前51年,恺撒征服高卢。公元前53年,克拉苏去世,公元前52年,庞培成为唯一执政官,获元老院支持。公元前49年,元老院命令恺撒解散军队,而恺撒率军渡过卢比孔河,向罗马进军,发起了内战。庞培在法萨罗一战中被击败,逃往埃及,后被杀害。公元前45年,恺撒最终在蒙达之战中消灭了庞培的残余势力。公元前44年2月,恺撒被任命为终身独裁官。然而,同年3月15日,恺撒被布鲁图斯和卡西乌斯杀害。

庞培和克拉苏开始执政
(前70)

粉碎喀提林阴谋
(前63)

建立前三头同盟
(前60)

恺撒征服高卢
(前58—前51)

内战爆发
(前49)

法萨罗之战与庞培之死
(前48)

蒙达之战:恺撒击败庞培余党
(前45)

恺撒遇刺
(前44)

奥古斯都和朱里亚·克劳狄王朝:
前44—公元68年

屋大维军队与安东尼、克莱奥帕特拉军队之间的亚克兴海战结束了恺撒的继承权之争,罗马帝国时代到来了。公元前27年,屋大维接受元老院颁发的"奥古斯都"称号,彻底重组国家政权,将所有权力集中在自己手里。他限制元老院的权力,重新划分行省,巩固边防,促进经济发展。公元14年屋大维去世后,提比略继位。提比略是一位出色的管理者和颇具谋略的外交家。在卡利古拉的荒唐统治结束后,克劳狄开始对帝国的官僚体制和经济进行改革,并对诸行省推行罗马化。克劳狄的继任者尼禄以骄奢淫逸的生活和罗马大火事件而臭名昭著。

建立后三头同盟
(前43)

亚克兴海战
(前31)

屋大维被授予"奥古斯都"称号
(前27)

奥古斯都去世
(14)

提比略统治时期
(14—37)

耶稣被钉十字架
(33)

卡利古拉统治时期
(37—41)

克劳狄统治时期
(41—54)

尼禄统治时期
(54—68)

弗拉维王朝和过继诸帝:
68—192年

尼禄死后,罗马开始了一段军事无政府时期。在此期间,伽尔巴、奥托和维特里乌斯相继称帝。韦斯帕芗掌权后,征服犹太地区,重组政权。在提图斯短暂的统治后,图密善巩固了罗马帝国在不列颠和日耳曼的疆域。涅尔瓦过继图拉真为子嗣,开创了养子继承制。图拉真成功的军事行动让帝国的扩张达到了巅峰。继任者哈德良宣布放弃图拉真的扩张政策,在不列颠修筑了哈德良城墙。安东尼努斯·皮乌斯统治期间,经历了长时间的和平。而马可·奥勒留不得不镇压阿非利加、西班牙和不列颠地区的多次叛乱。康茂德继位后,一系列政治危机开始了。

韦斯帕芗统治时期
(69—79)

提图斯统治时期
(79—81)

维苏威火山爆发
(79)

图密善统治时期
(81—96)

涅尔瓦统治时期
(96—98)

图拉真统治时期
(98—117)

达契亚战争
(101—106)

哈德良统治时期
(117—138)

安东尼努斯·皮乌斯统治时期
(138—161)

马可·奥勒留统治时期
(161—180)

康茂德统治时期
(180—192)

塞维鲁王朝和无政府时期：193—284 年

在佩尔提纳克斯（Pertinax）的短暂统治后，塞普提米乌斯·塞维鲁在军团的支持下继承皇位。他重点推行了任命罗马化行省居民为政府官员的政策，但这一改革和军队开支的增加引起了人们的不满，削弱了经济。塞维鲁死后，继承皇位的是他那暴虐残忍的儿子卡拉卡拉。为了维持统治，卡拉卡拉用钱收买军队，进一步耗空了国库。212 年，他颁布《安东尼努斯敕令》（又名《卡拉卡拉敕令》），将公民权授予罗马帝国的所有自由民。卡拉卡拉被马克里努斯暗杀，后者的统治非常短暂。埃拉伽巴路斯把对东方神的崇拜引入罗马。性格温和的亚历山大·塞维鲁统治时期的主要功绩是对抗波斯人的入侵。235 年，一段漫长的军事无政府时期开始了：军队首领们争夺着皇位，而边境聚集着大量入侵的蛮族人。

塞普提米乌斯·塞维鲁统治时期
（193—211）

卡拉卡拉统治时期
（211—217）

卡拉卡拉颁布《安东尼努斯敕令》
（212）

马克里努斯统治时期
（217—218）

埃拉伽巴路斯统治时期
（218—222）

亚历山大·塞维鲁统治时期
（222—235）

无政府混乱时期
（235—284）

帝国后期和权力的分割：284—337 年

284 年，戴克里先执掌政权。他开始了一系列改革，最终建立"四帝共治制"，将帝国一分为二。然而，在戴克里先退位至斯普利特居住后，劝说马克西米安（帝国西部的奥古斯都）也退位时，这套继承制度失去了效力，君主们又开始争夺权力。君士坦丁和马克森提乌斯于 312 年开战；君士坦丁最终获胜，并在《米兰敕令》中宣布罗马帝国境内有信仰基督教的自由。他与帝国东部的奥古斯都李锡尼达成的协议很快破裂，两人之间的对抗发展为内战。324 年，君士坦丁铲除了对手，成为帝国唯一的统治者。330 年，君士坦丁将帝国首都迁至君士坦丁堡。他死后，帝国被其子瓜分。

戴克里先统治时期
（284—305）

戴克里先建立四帝共治制
（293）

四帝共治制被推翻
（306）

米尔维安桥战役
（312）

《米兰敕令》颁布
（313）

君士坦丁统一帝国
（324）

建都君士坦丁堡
（330）

君士坦丁去世
帝国被君士坦提乌斯二世、君士坦丁二世和君士坦斯瓜分
（337）

西罗马帝国的衰亡：337—476 年

君士坦提乌斯二世与波斯人进行了漫长的战斗，其继位者尤利安，也称"叛教者"，试图回归异教。378 年，瓦伦斯在哈德良堡战役中被哥特人杀害。狄奥多西一世重新统一帝国，允许大批蛮族部落定居在帝国边境之内，作为罗马的"同盟者"。380 年，在《萨洛尼卡敕令》中，狄奥多西宣布基督教为帝国的唯一国教。他死后，帝国分为两半，其子霍诺里乌斯掌管西部，阿尔卡狄乌斯掌管东部。402 年，西罗马帝国首都迁至拉文纳。410 年，罗马城遭西哥特人洗劫。瓦伦提尼安三世在位时，由其母伽拉·普拉吉迪娅摄政，西罗马帝国开始分崩离析。452 年，匈奴人入侵意大利。476 年，罗慕路斯·奥古斯都路斯被废黜，标志着西罗马帝国的灭亡。

君士坦提乌斯二世重新统一帝国
（353—361）

"叛教者"尤利安统治时期
（361—363）

瓦伦斯在哈德良堡战败
（378）

狄奥多西统治时期
（379—395）

阿拉里克洗劫罗马
（410）

阿提拉入侵意大利
（452）

西罗马帝国灭亡
（476）

4 世纪的罗马帝国

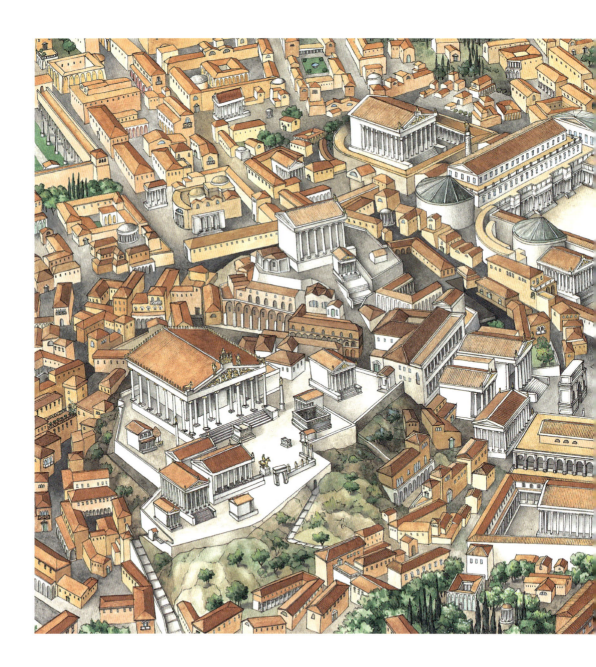

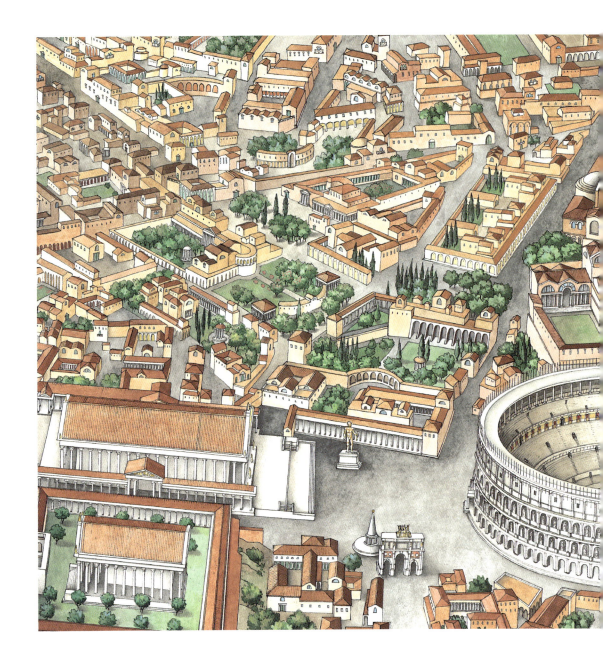

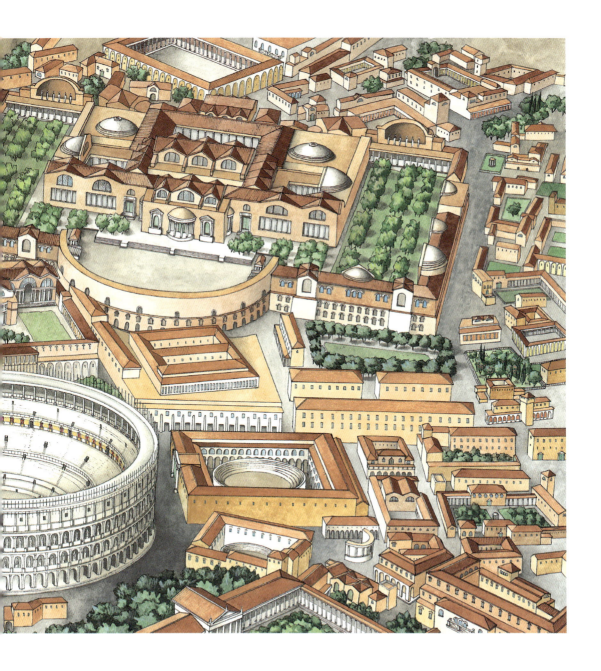

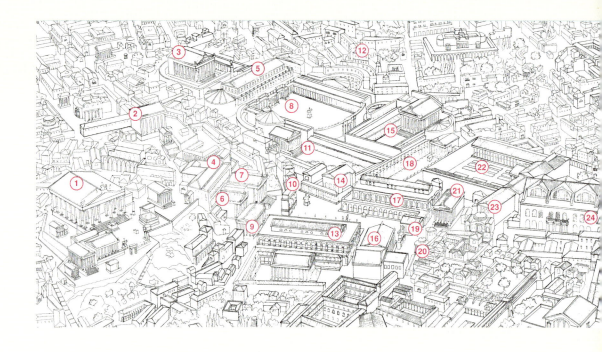

1. 朱庇特神庙（前 509—公元 82）

2. 朱诺·墨涅塔神庙（前 344—公元 1 世纪）

3. 图拉真神庙（122）

4. 国家档案馆（前 78）

5. 乌尔比亚巴西利卡（113）

6. 韦斯帕芗和提图斯神庙（81）

7. 协和神庙（前 367—公元 10）

8. 图拉真广场（112）

9. 农神庙（前 493—公元 283）

10. 塞普提米乌斯·塞维鲁凯旋门（203）

11. 恺撒广场（前 42）

12. 图拉真市场（112）

13. 尤利亚巴西利卡（前 46—公元 286）

14. 库里亚（前 29—公元 303）

15. 奥古斯都广场（前 2）

16. 卡斯托尔和波吕克斯神庙（前 484—公元 6）

17. 埃米利亚巴西利卡（前 179—公元 12）

18. 涅尔瓦广场（97）

19. 恺撒神庙（前 29）

20. 维斯塔神庙（前 7 世纪—公元 193）

21. 安东尼努斯和福斯蒂娜神庙（141）

22. 韦斯帕芗广场（75）

23. 罗慕路斯神庙（4 世纪）

24. 马克森提乌斯（和君士坦丁）巴西利卡 / 新巴西利卡（312）

25. 提图斯凯旋门（82）

26. 埃拉伽巴路斯神庙（218）

27. 维纳斯和罗马神庙

28. 圆锥形喷泉（1 世纪）

29. 尼禄巨像（1 世纪）

30. 君士坦丁凯旋门（315）

31. 弗拉维圆形剧场 / 斗兽场（80）

32. 提图斯浴场（81）

33. 图拉真浴场（109）

34. 大训练场（96—4 世纪）

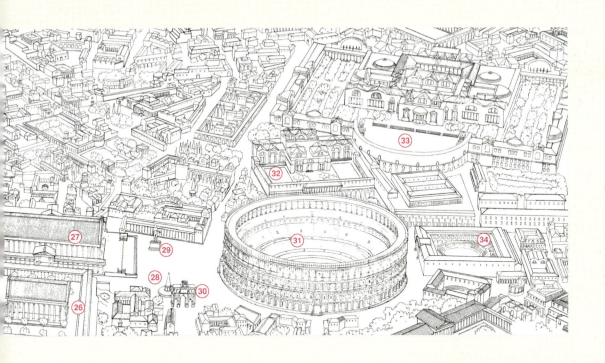

前几页彩色插图基于伊塔洛·吉斯蒙迪（Italo Gismondi）
在 20 世纪 30 年代制作的立体模型绘制而成。该模型基于"罗
马城图"（Forma Urbis），是塞普提米乌斯·塞维鲁时期雕刻
在大理石板上的罗马平面图，现仅存碎片。这张鸟瞰图准确地重
现了这座"永恒之城"的中心地区，即君士坦丁统治时期卡皮托
林山和斗兽场之间的广场区域。图例中建筑
名称旁的日期是建筑完工的时间，第二个
日期是已知的最后一次重建的时间。然而，
由于插图描绘的是君士坦丁时期（312—337
年在位）的罗马，所以下页的注解省略了一
些晚于 337 年的日期。比如，尤利亚巴西利
卡始建于公元前 54 年，落成于公元前 46 年，依次由奥古斯都和戴克里先重建，最后
由加比尼乌斯·维提乌斯·普罗比亚努斯（Gabinius Vettius Probianus）于 416 年重建。
我们删去了最后一次重建的日期，因其不在考虑范围内。

贵族与平民之间的斗争，罗马征服意大利

　　这段时期出现了一系列重大的内外部冲突。在内部，贵族与平民发生了斗争，贵族通过放逐国王获得权力，而平民失去了君主制的支撑，开始认识到自己的能力和可以维护自身的方式。除了基于大量财富的经济实力外，贵族还通过元老院、民事和宗教行政官以及对法律的控制掌握着政治权力，而且，法律通过口头流传下来。为了参与政治生活，平民初步采取了这些方式：选举他们自己的大会和行政官，也就是平民保民官；任命十人委员会起草成文法典，即《十二铜表法》，代替专断的法律；建立向平民开放的部落大会，拥有立法权；平民可以出任行政官。一系列法律限制了富人的权力，以助于逐步削弱贵族在政治和经济上的支配权，抑制贵族的崛起，这里的贵族也包括较富裕的平民家庭。

　　年轻的罗马共和国被迫保卫自己，免受邻国的侵犯，并很快呈现出扩张势头。扩张与防御战争同时进行，如此，罗马仅用两个世纪就统治了整个亚平宁半岛。罗马的政治和军事崛起分为两个阶段：第一阶段发生在拉丁姆，在君主制开始衰落和高卢人入侵之前（前509—前390）；第二阶段扩大至整个半岛，在北方对阵伊特鲁里亚人和高卢人，在南方迎战萨贝利人、翁布里亚人、坎帕尼亚的萨莫奈人和一些希腊城镇。这一历史进程始于公元前496年，罗马在莱吉鲁斯湖一役中击败拉丁人。从此，罗马人开始逐渐控制周边民族（埃魁人、沃尔西人和赫尔尼基人），消除伊特鲁里亚人的威胁，直至公元前396年摧毁维伊城。最终，在公元前343年至前290年的三次萨莫奈战争后，罗马－拉丁同盟国成立，罗马获得了广阔的领土，其中包括许多繁荣兴旺的殖民地。征服萨莫奈人后，罗马人开始接触到爱奥尼亚人建立的希腊城镇，而邻近的

这枚金币于罗马共和国时期铸造，正面头像是战神马尔斯，背面刻着鹰。马尔斯最初是掌管春天和丰收的神，他从农业守护神到战神的转变，生动地反映了罗马人从定居的农耕民族到扩张者的发展历程。

希腊王国伊庇鲁斯也将目光投向了这里。公元前 280 年，伊庇鲁斯国王皮洛士带着他的军队登陆意大利，来支援塔林敦和其他小城镇。

罗马人勇猛迎战，尽管遇到了一些挫折，最终还是取得了胜利，迫使敌军退回，希腊城镇也臣服于罗马联盟。到了公元前 3 世纪下半叶，罗马已经统一意大利半岛，其统治范围北抵阿诺河（Arno）河口和卢比孔河，南达墨西拿海峡，并继续向地中海扩张。在此期间，贵族与平民之间的权力斗争，以及罗马从小城邦到拥有庞大人口的联盟首都的转变，都彻底改变了罗马。

从理论上说，罗马权力的基础由各大会把持，如库里亚大会、森都里亚大会、部落大会和平民大会。但实际上，实权由元老院和显贵家族成员组成的大会把持着。行政权由行政官掌控，包括执政官、大法官、监察官、市政官、财务官和平民保民官。

布匿战争和称霸地中海

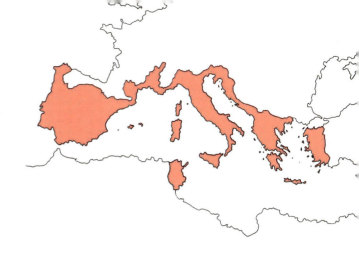

　　在将领地扩张到意大利的希腊城镇后，罗马很快认识到，需要一场彻底的改革来应对国内不断变化的经济和政治局势。因此，罗马势必要和一支占据地中海大部分区域的力量——迦太基——发生冲突。到公元前3世纪初，迦太基城控制了非洲北岸，两侧各延伸至埃及和西班牙东南部海岸；其统治范围向南沿非洲大西洋海岸延伸，向北远至康沃尔（英国西南端）。迦太基主要靠贸易获利。他们拥有一支配备武装力量的强大舰队，用以保护贸易，在必要时能够进行军事干涉。撒丁岛、科西嘉岛和西西里岛西部都在迦太基的控制下，而唯独没有意大利海岸，这是因为迦太基先后与伊特鲁里亚人和罗马人签订过相关条约。罗马和迦太基之间的冲突始于西西里岛，那里居住着希腊人。几个世纪以来，希腊人一直是迦太基人的对手，他们还曾与意大利南部的希腊同胞结盟，不过此时这里已纳入罗马的版图。因此，罗马与迦太基之间的直接冲突不可避免。布匿战争历时几十年之久，罗马人不论在陆地还是海上都占据上风。第一次布匿战争中，公元前260年的米拉海战十分关键，连同公元前241年的埃加迪群岛海战，罗马人征服了西西里岛、撒丁岛和科西嘉岛。第二次布匿战争由迦太基的军事天才汉尼拔主导；罗马取得了一些胜利，但也遭遇了一些惨痛的失败，其中要属公元前216年的坎尼会战最为血腥惨烈。唯有西庇阿家族，尤其是普布利乌斯·科尔内利乌斯·西庇阿（大西庇阿），决定性地扭转了战争的局势，使罗马占据了有利地位。最终，罗马于公元前202年在扎马战役中大败迦太基。罗马的胜利标志着地中海构建起新的权力秩序。在地中海西部，罗马取代迦太基控制西班牙，而东部仍在马其顿、叙利亚和埃及王国的控制下，这些国家之间战火频仍。希腊也被城邦和城邦同盟分割，形成了一种非常不稳定的联盟体系。罗马无法对此袖手旁观。希腊的城邦制度令人担忧，却也给了罗马干涉和扩张的好机会。因此，罗马人采取了一系列外交手段和军事行动，在短短几年内（前201—前133）称霸了整个地中海。罗马人所采取的行动包括：发动马其顿战争，以公元前168年罗马赢得彼得那战役而告终；公元前146年，摧毁科林斯城；公元前133年，围攻努曼提亚。

这只坎帕尼亚的工艺盘上画着一只战象。战象源于公元前 3 世纪，首次被伊庇鲁斯国王皮洛士用来对抗罗马人。迦太基将领汉尼拔也曾用战象打败敌人，他曾在第二次布匿战争中翻越阿尔卑斯山，入侵意大利。

下页图　公元前 202 年 10 月 19 日，普布利乌斯·科尔内利乌斯·西庇阿在扎马战役中击败汉尼拔，因此被称为"阿非利加征服者"。这座雕像展现了他强硬的个性。

　　起初，罗马还较为尊重被征服地区居民的独立权和利益。而在公元前 168 年后，罗马统治集团为了获取资本利益，开始施行一种肆无忌惮的政策，包括直接吞并土地、征服和摧毁可能的竞争对手，以及肆意剥削被征服者。

共和国的危机：
从格拉古到前三头同盟

右上图　这座公元前 2 世纪或是前 1 世纪青铜雕像由罗马化的伊特鲁里亚工匠铸造，塑造了一名刚健男子，从他举起的右臂可以知道他正在演说。这种姿态在罗马的政治家中很常见，我们能够想象，提比略·格拉古也是以同样的姿势进行演说。

左图　在镇压了下层阶级支持的喀提林阴谋后，伟大的演说家兼作家马尔库斯·图利乌斯·西塞罗成了元老院寡头统治的胜利者。恺撒死后，他错误地认为自己可以对抗安东尼，保卫共和国，后死于安东尼之手。

右下图　英明能干的将军格涅乌斯·庞培被苏拉授予了重要军事任命，并在与民主派支持者的斗争中取得了一系列杰出的胜利。公元前 78 年苏拉死后，庞培仍捍卫着苏拉的政策，在西班牙作战。然而，公元前 72 年，庞培与克拉苏达成协议，庞培担任执政官，并承诺废除苏拉体制。随后，他与克拉苏、恺撒成立前三头同盟，但很快就和恺撒发生冲突。

　　在如此短的时间内，罗马共和国从一个小国变成了地中海大国，却无法应对征服带来的日益严重的社会不平等问题。这很快导致了一连串的内部冲突，为社会和制度的根本转型铺平了道路。公元前 133 年，元老院发起暴动，暗杀了平民保民官提比略·格拉古及其拥护者。这一事件标志着罗马社会严峻危机的开始。各行省居民和意大利人都渴望获得政治权力，甚至连罗马公民，尤其是小地主，也因不符合自身利益的经济政策而被迫负债，他们也在迫切要求之前只授予少数群体的特权。在这段困难时期里，出现了两位显著人物：马略和苏拉。马略是个精力充沛的人，他在公民大会上当选为执政官，与元老阶级并无利益瓜葛。苏拉则代表保守派（贵族派），对国家进行独裁和保守方向的改革。由于苏拉的改革是通过武力强行推进，且忽视了当时严重的社会问题，所以苏拉死后（前78），其改革措施注定不会持续太久。而接下来的时期里，罗马社会焕发出无与伦比的活力。不仅发生了重大的社会和政治变革，罗马人的经济水平、艺术和精神生活也有了极大进步。苏拉颁布的法律是在元老院寡头统治的基础上重组国家的最后一次尝试。但是，如果没有其他社会力量（包括无产阶级、士兵、小商人、行省居民）的参与，国家就无法继续延续下去。而现在，这些社会力量被排除在外，所以他们只有成为统治阶级才能获得权力。因此，罗马需要一种新的平衡，这只能通过创造新的权力中心并让其控制元老院来实现，还要保证该新兴群体能够享有社会权益。尽管元老阶级不愿放弃显赫的地位，但新的变化已经缓慢发生。一些由元老院任命、用来保护元老利益的人，最终与元老院意图相悖，产生冲突。庞培是这个危难时期的代表人物。他废除苏拉体制，让传统力量得以重归政坛。保民官的权力得到恢复，庞培也因此获得了一些重要任命。他还通过吞并新领土，为扩大罗马的霸权做出了重要贡献。

公元前63年，执政官西塞罗是正在衰落的元老院的主要代表。这位伟大的演说家镇压了喀提林秘密夺权的阴谋，其坚毅果断的品性从此流传千古。而这仍然无法阻止拥有实权的三位人物结成同盟，反对元老院，他们不仅得到公民大会的支持，还拥有自己的军队。

尤利乌斯·恺撒、克拉苏和庞培结成的前三头同盟得到了元老院的正式准许。在骑士、公民和军队的支持下，三人共享权力。紧接着，恺撒被任命为高卢总督，任期五年。

出身贵族的苏拉在当选为执政官时，就已展现出将领的才能。公元前87年，他受命率远征军与米特里达梯作战。在他离开罗马的时候，公民大会使计让他与盖乌斯·马略发生冲突。战争结束，在消灭对手后（部分是通过可怕的放逐名单），苏拉修改罗马法律，以巩固他的独裁地位。

盖乌斯·马略出身农民家庭，在与辛布里人和条顿人的战斗中取得了重要胜利。在政治领域，他的目标是在各敌对势力之间找到平衡。马略成为民主的象征，同时和苏拉（马略曾有一段时间击败苏拉）发生冲突，两派的斗争使罗马城笼罩在暴动的氛围里。公元前86年，马略在当选执政官不久后去世，从此，苏拉残忍消灭反对派，开始了恐怖的独裁统治。

恺撒时代

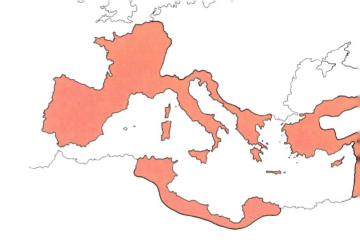

恺撒对高卢的征服极大地扩展了罗马人的统治范围，也成为他政治权力的军事基础。恺撒获得了五年的延长任期，此后，他还打了几场漂亮的胜仗，甚至带领部队入侵不列颠，渡过莱茵河。

与此同时，元老派和平民派之间的斗争正在酝酿中。公元前53年，克拉苏在卡雷战役中不敌帕提亚人，战败身亡，前三头同盟随之瓦解。恺撒和庞培之间开始产生直接冲突。恺撒的实力在于其赫赫战功和公民大会的支持，而庞培和以西塞罗、小伽图为首的元老派结盟。公元前49年，内战爆发。首先，恺撒率军渡过卢比孔河，向罗马进军，这一举动具有重大的象征意义。拥有在地中海各个战场迅速取胜的经验，恺撒早已成为所向披靡的胜者，也使得他将所有权力集中在自己身上。最终，恺撒打败了元老阶级。然而，公元前44年3月15日，恺撒被以布鲁图斯和卡西乌斯为首的谋反者杀害。谋反者企图扭转历史发展的进程，但历史的车轮已开始滚动，绝不会因为一个人的消失而停止，无论此人有多么杰出。恺撒的继承者是其副官马克·安东尼和甥外孙兼养子屋大维，这两人的性情截然不同。屋大维认为一个人的权

公元前100年，尤利乌斯·恺撒出生于一个古老的贵族家庭。年轻的恺撒很快招来了苏拉的敌意。苏拉死后，恺撒开始了他杰出的政治和军事生涯。公元前60年，恺撒与庞培、克拉苏组成同盟。两年后，他发起高卢战争，于公元前52年在决定性战役中取得胜利。克拉苏死后，恺撒与庞培发生冲突，庞培后来死于反抗恺撒。恺撒在蒙达之战中获胜，赢得内战胜利，成为终身独裁官，却在公元前44年被谋反者杀害。

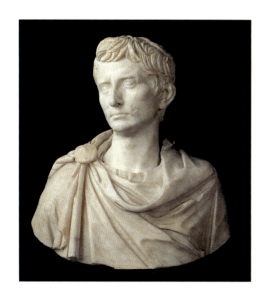

屋大维生于公元前 63 年。恺撒死后，年纪尚轻的屋大维和安东尼形成对峙。在第一次交锋后，为了挽救恺撒派，他与安东尼达成了一项短期协议。这尊大理石半身像展现了亚克兴战役时年轻的屋大维。

恺撒死后，马克·安东尼巩固了自己作为恺撒继任者的地位，与雷必达、屋大维结成后三头同盟。击败谋反者后，安东尼获得了东方行省的统治权。在埃及，安东尼与克莱奥帕特拉相恋，后与屋大维发生冲突，在亚克兴战役中战败，自杀身亡。

力不应建立在希腊式的君主政体上，而应得到更广泛共识的支持，并且要在程序上听命于元老院和共和国行政官。伟大的演说家西塞罗宣布安东尼为国家公敌，以重新建立起元老院的权威。这一举措是不合时宜的，他也为此付出了生命代价。屋大维、安东尼和埃米利乌斯·雷必达（很快被排除在外）三人结成后三头同盟。公元前 42 年，在腓立比击败谋反者之后，他们对帝国进行了划分：屋大维统治西方行省，安东尼统治东方行省。独头统治的时机已然成熟。公元前 31 年，屋大维在亚克兴击败安东尼，开始了重建国家的任务。

仅仅在罗马就有超过 80 尊纪念
奥古斯都的雕像，其中最有名的
是第一门的奥古斯都雕像，因其
发现地点而得名。胸甲上的浮雕
寓意着他的伟大功绩。胸甲的正
中部分描绘的是一个战败的蛮族
人将罗马旗帜交给皇帝，这面旗
帜可能是战斗中一位将领丢失的。
屋大维的崛起得益于他在军队的
影响力；在战场上，他展现了作
为一位伟大军事家的天赋，也建
立起自己的威望。公元 14 年，屋
大维去世时，罗马帝国的统治已
经牢牢巩固了。

罗马帝国

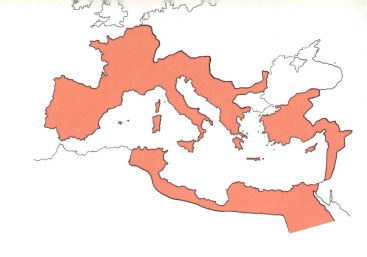

　　在屋大维巧妙的手段下，罗马社会的转型并未流血，而是迎来了一个和平安定的时代，大大促进了整个帝国的经济和文化繁荣。正如尤利乌斯·恺撒所做的那样，屋大维表面上保留了所有行政官的职责，实际上，他授予自己若干头衔和职责，掌握了所有权力；其中最重要的是保民官一职，屋大维获得了保民官的一切大权，包括人身不受侵犯、代表人民的威望，以及军队指挥权，后者也叫"最高权力"，即"最高统治者"（皇帝）的头衔。屋大维用新称号"奥古斯都"来象征自己非同一般的地位。

　　奥古斯都重组元老院和骑士阶层，将行省划分为元老院行省和元首行省。他还设立了一支近卫军（Praetorian Guard），用于保护自己的人身安全，并开始修复和装饰罗马城，这是多年来内战不休而被忽视的工作。除了一次入侵日耳曼的失败尝试外，他让军队巩固边境，只干预那些仍有抵抗的地区。一个国家复杂的政治体制和行政体系要重组，离不开公民的大力支持。奥古斯都并没有声张自己创立的新规则，而是强调自己的政治观点与罗马共和国的传统一脉相承，把自己描述成传统价值的恢复者。在此情况下，他鼓励对罗马神祇的崇拜，恢复被遗忘的习俗和仪式。然而，这并没有阻止包括基督教在内的新宗教派别在罗马的传播。随着时间的推移，这些宗教势必会改变罗马帝国的面貌，给西方文明留下不可磨灭的印记。奥古斯都的和平与复古计划得到了当时知识分子在内的广泛支持。奥古斯都倡导的和平（公元前13年，元老院修建奥古斯都和平祭坛，以庆祝奥古斯都为帝国带来的和平）深深地打动了民众，同时也增强了民众的公民意识和道德感。一些最伟大的拉丁文学作品都是在这一时期创作的。维吉尔、奥维德、贺拉斯、普罗佩提乌斯、提布鲁斯和历史学家李维都是该时期的代表人物。公元14年奥古斯都去世时，罗马已经转变为帝国，支撑帝国在未来几个世纪继续发展的指导方针也已经确立。

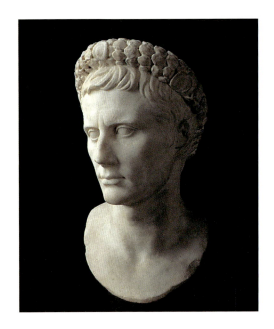

击败安东尼后，屋大维凯旋，回到罗马，庆祝胜利并宣布
内战结束。他开始巩固自己的权力，罗马在其统治下逐渐
转变为帝国。"奥古斯都"取自宗教词汇，公元前 27 年，
元老院将这一称号授予屋大维，从此，"奥古斯都"成为
所有罗马皇帝的官方头衔。

中间精美的缟玛瑙浮雕来自奥古斯都统治时期，雕刻着一
只老鹰，抓着象征胜利的棕榈枝和花环。这一巨大的猛禽
被视为帝国实力的象征。包裹着玛瑙的金银边框则是 16
世纪下半叶的作品。

朱里亚·克劳狄王朝

尼禄（54—68年在位）在其母阿格里庇娜的支持下继位，阿格里庇娜为达目的暗杀皇帝克劳狄。尼禄早年善政，但很快就变得放纵无度。在近卫军长官提格里努斯的支持下，他开始了恐怖统治，并开始挥霍钱财，对国家经济造成了严重破坏。罗马大火后，发生了多起反抗他的阴谋和起义运动，最后，尼禄不得不自杀身亡。

新政治体系中的未知因素是继承问题，由于罗马帝国皇储的地位特殊，需要得到元老院的认可才能获得权力。这一危机被奥古斯都解决了，他创立了一种巧妙而隐蔽的王朝继承制度，使得四位来自朱里亚·克劳狄家族的成员得以统治帝国。提比略（14—37年在位）由奥古斯都选定继位，卡利古拉（37—41年在位）由近卫军长官拥护登上皇位，克劳狄（41—54年在位）由近卫军拥立为帝，尼禄（54—68年在位）在其母阿格里庇娜（克劳狄之妻）和近卫军的拥戴下继位。

奥古斯都前几位继任者的地位都不太稳定。卡利古拉和尼禄都死于近卫军的阴谋，克劳狄传闻是被毒死的。尽管如此，帝国在这一时期继续扩张，经济和社会领域得到了巩固，农业、贸易和商业快速发展。为贸易和军事所修筑的道路形成了一张密集的网络，覆盖整个帝国，将各省与罗马联结起来。在克劳狄的统治下，不仅帝国的行政组织得到了极大改善，还设立了一个新的行省——不列颠。

这块名为"Gemma Augustea"的缟玛瑙浮雕来自1世纪，在奥古斯都和象征着罗马的化身面前，提比略胜利归来。下方，几名罗马士兵在一群囚犯面前，高高举起从战败的敌人手中缴获的战利品。在被奥古斯都任命为继任者前，提比略就已展现出将领的英勇风姿。

弗拉维王朝

尼禄死后，政局再次变得复杂起来。公元69年，帝国陷入军事无政府状态，内战爆发。由驻扎在帝国各处的军团推举出的三位元首被依次杀害。最终，提图斯·弗拉维乌斯·韦斯帕芗（69—79 年在位）在东方军团和多瑙河军团的支持下胜出，其继位声明得到元老院的批准。韦斯帕芗从而建立起弗拉维王朝。事实证明，他是一位优秀的管理者。统治期间，他重新整顿国库，给予行省特权，改革军队，并加强边防。

韦斯帕芗去世后，其子提图斯（79—81 年在位）和图密善（81—96 年在位）依次继位。提图斯短暂统治期间，犹太人开始流散，耶路撒冷神殿被摧毁，维苏威火山爆发，将庞贝、斯塔比、赫库兰尼姆夷为平地。图密善统治期间，他试图（就像之前卡利古拉一样）建立起真正的绝对君主制。在这一时期，元老院最终失去决策权，逐渐变为精英团体，供皇帝从中挑选有用的行政职位候选人。许多来自意大利地区和行省的骑士阶层成员被授予要职。这一政策旨在为罗马政府注入新鲜血液，为后代皇帝所沿用。

在弗拉维王朝的统治下，罗马新建了一些纪念性建筑，其中最有名的是罗马斗兽场。边

在其父韦斯帕芗指挥的犹太战争中，提图斯展现出杰出的军事能力。公元 79 年，提图斯继承皇位，加强了罗马对不列颠的控制，却在短短两年后就去世了。

左上图 图密善，韦斯帕芗之子，提图斯的弟弟。提图斯去世后，图密善被拥立为帝，但他并没有展现出多少军事才能。他的统治被认为是专横独裁的。

左下图 这枚硬币由韦斯帕芗于公元 70 年铸造，是为庆祝其子提图斯征服犹太（被描绘成一个低着头的女人）。正如罗马广场的凯旋门上所雕刻的那样，随着耶路撒冷的衰落和圣殿的毁灭，犹太人的第二次大流散开始了。

右下图 尼禄死后，韦斯帕芗依靠他在犹太地区的军队的拥戴继承了帝位。这位伟人竭力保卫帝国的边界，恢复国家财政，改革行省机制，最重要的是保证了政权的连续性。

境也通过一些小规模征战得到巩固，帝国经历了一个相对和平的时期。然而，弗拉维家族的政策也不乏反对者，尤其是在图密善统治时，他企图自我神化，遭到了文化界和基督信徒的强烈反对。图密善对反对者进行了残酷的迫害。公元 96 年，图密善被谋反者杀害。

过继诸帝

图拉真统治时期被认为是"黄金时代"。采矿和农业活动大大增加，由于边境和谐安宁，贸易也繁荣发展。最重要的是，在图拉真进行一系列征服后，罗马帝国的版图扩张到了最大。他成功征服了达契亚，占领了帕提亚帝国的首都泰西封。几个世纪以来，帕提亚一直是罗马的敌人。图拉真还在罗马修筑了大量的纪念性建筑物，他委托大马士革的建筑师阿波罗多罗斯（Apollodorus）建造了一个新广场。为了纪念他战胜达契亚人，还修建了图拉真纪功柱，此柱高约 30 米，柱身环绕着饰带浮雕，记录了战争的主要过程。在这幅图里，可以看到皇帝站在罗马城墙上，向军队发表讲话和接见使团。

2 世纪时，罗马总体政局稳定，手工业和商业活动增加，全社会得到了极大发展，包括文化方面。皇帝开始采用养子继承制，而非世袭制，他们依据个人品质来挑选家族之外的继承人。这些被挑选的继任者通常来自行省（从出生于伊比利亚地区的意大利卡的图拉真开始），表明行省的地位与意大利相等，这也是罗马帝国繁荣统一的原因之一。开创这一新的继承制度的皇帝是涅尔瓦（96—98 年在位），他由元老院推选为帝，即位时已经年迈；涅尔瓦很快收养了马尔库斯·乌尔皮乌斯·图拉真（98—117 年在位），并任命他为执政官，因为这位年轻人有着杰出的政治和军事天赋。图拉真作为将领，能力出众，征服了达契亚，打败了帕提亚人。其继任者哈德良（117—138 年在位）则倾向于巩固疆域。他放弃了幼发拉底河以外的疆域，沿着帝国的边界建立了坚固的防御工事体系，包括在不列颠建造的哈德良城墙，并将精力更多地放在解决帝国的行政问题和全面罗马化上。在哈德良政策的启发下，安东尼努斯·皮乌斯（138—161 年在位）在不列颠修建了一堵新墙，坐落在哈德良城墙的北面。安东尼努斯的继任者是马可·奥勒留（161—180 年在位），他不但是一位英勇的将领，还是一位斯多葛派哲学家。他放弃养子继承制，回归王位世袭制。结果证明，奥勒留的决定是一个严重的错误。他的儿子康茂德（180—192 年在位）幼年即位，却没有延续历代皇帝励精图治的传统，反而是出了名的自负和残暴。3 世纪到来之际，罗马帝国的最后一段辉煌时期结束了。帝国的行政体系虽然

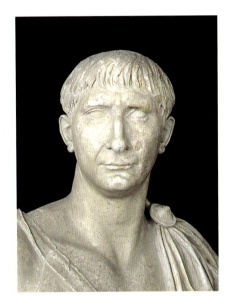

出生于西班牙的贝提卡行省的图拉真继承了涅尔瓦的皇位。作为一名颇具才能的政治家和军事家，图拉真在巩固莱茵河边界后，开始向达契亚进军。他还是一名优秀的行政和财务官，深受罗马社会各阶层的欢迎。图拉真最后死于远征帕提亚的途中。

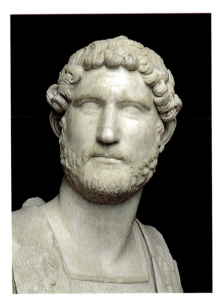

图拉真死后，哈德良被拥立为皇帝，他继位后立刻与帕提亚缔结和约，推行防守政策，放弃了图拉真的扩张政策。哈德良是希腊文明的崇拜者，喜欢诗歌和冥想。

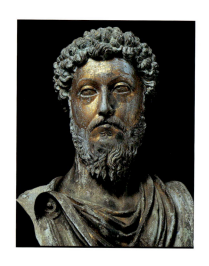

左上图 马可·奥勒留维持了国家内部稳定，镇压了帝国边境的叛乱。他既是果决的军事指挥官，也是信奉斯多葛派和伊壁鸠鲁派的哲人，其人道主义思想至今为人们所铭记。他在卡皮托林山的骑马雕像（此处展示了局部图片）是唯一一尊保存完好的罗马时代的雕像。

右上图 康茂德，在其父奥勒留去世后，成为帝国皇帝，却并未继承其父的高尚品德。他的统治以残忍和暴虐而臭名昭著。他还是一个好出风头的人，认为自己是赫拉克勒斯，并喜欢被塑造成这样的形象。康茂德甚至不受贵族欢迎，最终死于阴谋。

跨页图 安东尼努斯·皮乌斯凯旋柱（局部），位于罗马，柱基装饰华丽，短边的一面浮雕描绘了正在列队行进的罗马士兵和骑士，具有明暗对比的效果。安东尼努斯·皮乌斯是哈德良的继任者，因善政而受世人敬仰。他性格果断，善于理政，不但巩固了国内和平，还镇压了阿非利加和不列颠的起义。在不列颠，安东尼努斯在哈德良城墙的北面修筑了一条新的防御墙。除此之外，他还减免税收，建立了许多慈善机构。安东尼努斯的长期统治标志着罗马的国家制度和军事力量高度稳定。

高度复杂，但效率已达到空前水平。公民权被广泛授予各行省居民，国家整体经济繁荣，许多有利于贫民阶层的措施出台，包括为贫困儿童提供福利和向平民发放救济品。而与此同时，知识分子和群众越来越感到精神不安。人们开始远离政治生活，寻求内在幸福和灵魂的救赎，而这些无法从罗马国教中找到答案。于是，斯多葛派和犬儒主义思想在受教育阶层传播开来，对伊希斯、塞拉皮斯和密特拉的神秘崇拜开始蔓延，尤其是在平民百姓中。

　　基督教也越来越受到罗马社会各阶层的欢迎，因为它既满足了卑贱和贫困阶层的需要，也安抚了更敏感人群的不安。一般来说，罗马统治者对任何形式的宗教和思想都相

当宽容，前提是它们不会对现有秩序构成威胁（比如质疑罗马的官方宗教）。尽管如此，由于犹太人将一神教作为对抗罗马帝国的意识形态武器，罗马统治者在 135 年对犹太人实行了严厉的镇压。从一开始，基督教就和其他宗教不太一样。其仪式简单易懂，宣扬人与人之间的兄弟之爱，所以很快吸引了来自各行各业的追随者。罗马统治者对于基督教的传播扩散越来越感到惊愕。基督教宣称自己为真理的唯一来源，把帝国的子民和对帝国的忠诚视为遵从"上帝箴言"的一部分。《圣经》中有句话这样说："恺撒的归恺撒，上帝的归上帝。"这说明基督徒虽然不抗拒世俗的法律，却一味地服从他们的信仰。这就是从 3 世纪开始基督徒遭到迫害的真正原因。

HADRIAN'S WALL 哈德良城墙
BATH 巴斯
PARIS 巴黎
SAINTES 桑特
ORANGE 奥朗日
AOSTA 奥斯塔
NIMES 尼姆
SEGOVIA 塞哥维亚
ALCANTARA 阿尔坎塔拉
TARRAGONA 塔拉戈纳
MERIDA 梅里达
OSTIA 奥斯提亚
CAGLIARI 卡利亚里
DOUGGA 杜加
EL DJEM 杰姆
SABRATHA 塞卜拉泰
TIMGAD 提姆加德
VOLUBILIS 沃吕比利斯
TRIER 特里尔
AUGST 奥格斯特
VERONA 维罗纳

BRITANNIA 不列颠
GAUL 高卢
IBERIAN PROVINCES 伊比利亚诸行省
PROVINCE AFRICANE 阿非利加行省
GERMANYS 日耳曼
ITALY 意大利
DANUBE PROVINCES 多瑙河诸行省

BUDAPEST 布达佩斯
PULA 普拉
DAMASCUS 大马士革
SPLIT 斯普利特
ROME 罗马
HADRIAN'S VILLA 哈德良别墅
HERCULANEUM 赫库兰尼姆
POMPEII 庞贝
SYRACUSE 叙拉古
LEPTIS MAGNA 大莱普提斯
ADAMKLISSI 阿达姆克利西
CONSTANTINOPLE 君士坦丁堡
MYLETUS 米利都
ATHENS 雅典
CAESAREA 恺撒利亚
GERASA 格拉撒
EPHESUS 以弗所
APHRODISIAS 阿弗罗狄西亚
SARDIS 萨迪斯
PALMYRA 巴尔米拉
BAALBEK 巴勒贝克

2世纪
处于全盛时期的罗马帝国

GREECE 希腊
CRETE 克里特
CYRENAICA 昔兰尼加
EGYPT 埃及
ORIENTAL PROVINCE 东方诸行省
ASIA MINOR 小亚细亚
AFRICAN PROVINCES 非洲诸行省

塞维鲁王朝

从这尊官方雕像可以看到，卡拉卡拉喜欢以一种带有威胁性的表情示人，他的头部微微向一侧肩膀倾斜。

　　康茂德统治结束后，随之而来的是五年内战。3 世纪初，与以往不同的是，罗马帝国越来越注重军事，因为所有权力都集中在皇帝手中。元老院被剥夺了立法权和司法权，这对皇帝的私人顾问大有好处。在社会层面，生产力被组织起来，产生了行会，国家开始广泛干预经济生活。197 年，在潘诺尼亚军团和日耳曼军团的支持下，塞普提米乌斯·塞维鲁（193—211 年在位）完全掌控了帝国。塞维鲁王朝，一个繁荣的新时代逐渐开启。塞普提米乌斯·塞维鲁击败帕提亚人，重设美索不达米亚行省，将巴尔米拉城（重要的商队枢纽，位于如今的叙利亚）变为殖民地，从总体上加强了帝国的防御。在非洲，帝国的疆域向南扩张至毛里塔尼亚和的黎波里塔尼亚，那里坐落着塞卜拉泰、奥亚和大莱普提斯等繁荣的城市。塞维鲁就出生于大莱普提斯，他尤其重视自己的家乡，在那里兴建起宏伟的建筑。塞维鲁的继任者是其子马尔库斯·奥勒留·安东尼努斯，绰号卡拉卡拉（211—217 年在位）。在其短暂执政期间，卡拉卡拉颁布了一项非常重要的法令《安东尼努斯敕令》，规定所有居住在罗马帝国的自由人都拥有罗马公民权。卡拉卡拉为了独裁统治，杀害了自己的兄弟盖塔，而他自己也遭暗杀。随后，阿维图斯·巴西安努斯，也就是埃拉伽巴路斯（218—222 年在位）被拥立为帝，他的统治时间非常短暂。很快，塞维鲁王朝的最后一位继承人亚历山大·塞维鲁（222—235 年在位）即位。这位皇帝的统治并非完全失败，但由于外族人不断入侵，保卫边境越来越困难，导致军队内部的混乱和骚动不断升级，最终，遭士兵暗杀。

军事无政府时期，
从戴克里先到君士坦丁

235 年—284 年，罗马帝国陷入了严重的制度
与社会危机。经济几乎瘫痪，货币贬值到了令人无
法忍受的程度，边境地区面临许多蛮族人的入侵。
由于元老院的权力几乎被完全剥夺，军队成了帝国
实际上的统治者。在此期间执政的诸帝中，马尔库
斯·尤利乌斯·菲利普（244—249 年在位）隆重
庆祝了罗马建城 1000 周年；德基乌斯于 250 年对
基督徒进行了第一次大迫害；瓦莱里安（253—260
年在位）沦为帕提亚人的战俘，其子伽利埃努斯
（260—268 年在位）和他父亲一样，为保卫边境而
战；奥勒良（270—275 年在位）最终收复并摧毁
了巴尔米拉（因反抗罗马和建立起强大的独立王国
而被毁），在罗马城周围修筑了坚固的防御城墙。
然而，帝国刚刚统一，奥勒良就被军官谋杀。经过
其他几位皇帝的短暂统治，284 年，东方军队宣布
戴克里先为帝。戴克里先（284—305 年在位）成
为帝国唯一的皇帝，结束了帝国混乱无序的时代。
他还发起了一系列改革，让垂死的帝国继续存活了
一个世纪。由于边境不断有蛮族侵袭，戴克里先非
常重视边境防御。首先，他决定皇帝不再居住在罗
马，而应尽可能地靠近边疆。其次，他认为仅凭一
人无法处理如此多的政治问题，因此建立"四帝共
治制"，即两位"奥古斯都"共享权力、共同执政，
再由两位"恺撒"协助管理。"恺撒"是"奥古斯都"

威尼斯圣马可大教堂的一角有一尊红色斑
岩群像，被认为雕刻的是罗马帝国的四位
皇帝：戴克里先和马克西米安两位奥古斯
都，伽列里乌斯和君士坦提乌斯两位恺
撒。

君士坦丁赋予基督教徒信仰自由的权利，并将帝国都城迁至拜占庭，改名为君士坦丁堡，给罗马世界带来了巨大改变。

的继承人，继位后可再任命两位"恺撒"。管辖权是基于领土划分的，目的是防止由各地区问题渐趋多样化而导致的分裂。"四帝共治制"的作用立刻体现出来了，边境防御变得更加轻松和高效，叛乱刚萌芽就被扼杀了。但是，这种统治局面也预示着帝国将被分割成东西两部分。事实证明，这种继承制过于复杂。305 年，戴克里先宣布退位，并说服马克西米安同他一起退位。伽列里乌斯和君士坦提乌斯两位恺撒继位奥古斯都后，另两位满怀抱负的恺撒——马克森提乌斯和君士坦丁——之间发生了激烈的斗争。君士坦丁宣称基督教上帝站在自己这边，与意大利的马克森提乌斯对峙。这是帝国和基督教历史上的一个转折点，而此前，基督教曾遭到瓦莱里安和戴克里先的严重迫害。

312 年，在罗马城门附近的米尔维安桥战役中，马克森提乌斯被君士坦丁击败，君士坦丁宣布忠于十字架，即基督教的象征物。这无疑是一种政治姿态，让胜利者在新宗教的支持下取得帝国的统一。次年，君士坦丁和帝国东部皇帝李锡尼共享权力。324 年，君士坦丁击败李锡尼，统一帝国。他的政治措施影响深远，在很多方面依然遵循戴克里先的旧制。

君士坦丁通过了一些具有重大意义的法律。313 年颁布《米兰赦令》，从此结束了对基督徒的迫害，给予教会充分的自由。如今，教会被认为是帝国统一的要素之一。330 年，君士坦丁将帝国首都从罗马迁至拜占庭，取名为君士坦丁堡。这是为了让权力中心靠近处于威胁中的边境，但也导致了帝国西部的衰落。

最终，为了维持基督教会内部的统一，君士坦丁（不仅是皇帝，还是基督教会的实际统领）于 325 年召开尼西亚会议。这次会议通过了《尼西亚信经》，弥合了天主教派和阿利乌斯教派之间的分歧，从而重新统一基督教世界。

帝国后期

    帝国首都的东移标志着罗马帝国后期历史的开始。在这一政治阶段，帝国西部的衰败是显而易见的，但罗马仍然维持着自己的尊严，而且大兴土木，经历了一段建筑繁荣期。至此，帝国的东部和西部变成了两个不同的世界，几乎没有交流。而在帝国的边境，蛮族入侵带来的压力越来越大，军队的力量越来越弱。

    君士坦丁去世后，其家族继承人再次瓜分帝国。353 年，君士坦提乌斯二世短暂统一帝国。361 年，尤利安在高卢军队的拥护下继位，因试图回归古老的异教文化价值观（罗马传统宗教）以重建伟大的帝国，他被基督徒称为"叛教者"。尤利安追随亚历山大大帝的脚步，试图征服东方，却于 363 年在和波斯人的战斗中身亡。他重振伟大君士坦丁王朝的无望尝试就这样结束了。364 年，帝国由瓦伦提尼安和瓦伦斯分而治之，他们勇敢地保卫着帝国，直到 378 年的哈德良堡战争，罗马军队惨败，瓦伦斯被杀。从此，哥特人入侵巴尔干地区，再也没有离开过。在瓦伦提尼安的统治下，帝国西部首都——位于高卢的特里尔城——达到了辉煌的巅峰。375 年，瓦伦提尼安之子格拉提安继任西部皇帝。格拉提安任命极具才能的狄奥多西代替瓦伦斯，成为帝国东部皇帝。狄奥多西统治时期，他大力支持教会，宣布天主教为帝国国教，罗马帝国也获得了短暂的统一。狄奥多西于 395 年去世，其子霍诺里乌斯继任西部皇帝，阿尔卡狄乌斯继任东部皇帝。此后，两个帝国很快走上了不同的道路。

上图 东部皇帝狄奥多西重新统一罗马帝国，但持续时间很短。他施行强硬的宗教政策，并在 392 年下令，禁止任何人崇拜异教神。这道禁令引发了一场起义，因为帝国西部的人们仍然信奉传统的多神教。尽管狄奥多西获得了胜利，但在去世前，他不得不重蹈覆辙，将帝国分给他的儿子阿尔卡狄乌斯和霍诺里乌斯统治。狄奥多西在君士坦丁堡跑马场上修建了一座方尖碑，底座共有四面浮雕，该图展现了其中的一面浮雕，描绘了皇室和一些达官显贵观看比赛的情景。其僵硬的正面构图和静止的人物姿势体现了拜占庭艺术的基本特征。

西罗马帝国的衰亡

　　帝国西部皇帝的统治非常艰难。实际上，权力掌握在军队统领（通常是蛮族人）和大地主的手里。教会把持着政治权力，经济严重衰退，人口急剧减少。在这种情况下，蛮族入侵越来越容易。随着帝国的瓦解，皇帝的统治权逐渐被限制在意大利地区之内。然而，帝国东部的统治却是一帆风顺。东部皇帝拥有一支高效的官僚队伍、更可控的军事指挥官，以及服从帝国意志的教会。经济和贸易繁荣发展，除极个别情况，蛮族人无法对统一的帝国造成持久的破坏。440年，希腊语代替拉丁语成为帝国东部的官方语言，更是凸显了东西部的分裂。在帝国西部，忠于霍诺里乌斯的蛮族将军斯提利科奋力抵抗其他蛮族部落，保卫意大利。而在斯提利科死后，410年，阿拉里克率领西哥特人进攻罗马，将罗马城洗劫一空，这让整个文明世界惊骇不已。

　　蛮族王国开始在罗马的土地上扎根，尽管他们宣称自己是皇帝的臣民，但实际上并不承认皇帝的权威。罗马将军埃提乌斯是抵抗蛮族人进攻的最后堡垒。他再次团结起帝国的新老居民，于451年在沙隆之战中击败阿提拉带领的匈奴人。而几年后，盖塞里克领导的汪达尔人再次洗劫罗马。此次洗劫和瓦伦提尼安三世的去世标志着西罗马帝国的实质性灭亡。其正式灭亡是在476年，雇佣兵首领奥多亚克废黜了最后一位罗马君主罗慕路斯·奥古斯都路斯，夺得政权，并将帝国徽章送给东罗马帝国皇帝。

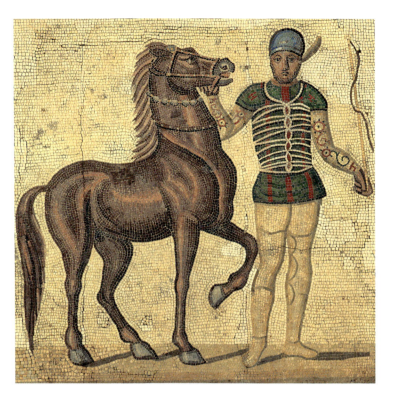

上图 这幅著名的马赛克镶嵌画是在罗马发现的，描绘了一位牵着马的御者。他戴着坚硬的皮革头盔，胸部缠绕皮带作为防护。罗马人热衷于马车比赛，在帝国时期，这类活动已成为社会不可分割的一部分。

右图 女人不允许在剧院表演，因此，当情节需要女性角色时，男演员会戴上具有女性特征的面具。在大量考古出土的象牙和石头材质的戏票上，出现了和这种庞贝马赛克装饰类似的图案。

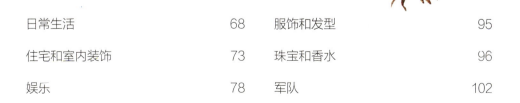

日常生活

　　我们知道，在西塞罗时代，罗马城的建筑重叠交错，看上去仿佛悬于空中。奥古斯都统治时期，城市的建筑更高了，正如维特鲁威所写的那样，"雄伟的城市和大量增长的人口需要扩建更多的住宅，所以，人们在建筑的高度上寻求解决办法。"

　　政府有时会介入棘手的城市规划问题，但通常收效甚微。尽管奥古斯都曾自豪地

上图　这块公元前1世纪的大理石浮雕发现于福希诺湖（Lake Fucino），展现了被城墙环绕的罗马城镇。值得注意的是，浮雕中的公寓楼呈垂直布局，这是由于罗马的测绘员在城市规划中使用了相当先进的仪器。

说，他得到了一座砖石之城，留下了一座大理石之城，却无法解决贫民区过度拥挤、不卫生和交通堵塞的普遍问题。火灾和房屋倒塌是最常见的灾难。楼层的增加可以让更多人挤进狭小的空间，但由于楼房是用轻型砖石搭建，木材支撑，所以建造速度非常快，成本极低，利润极高，同时也特别脆弱，容易失火。出人意料的是，制止这一灾难性事态，且恢复城市部分外观的是尼禄。

公元 64 年，一场大火烧光了罗马城的三个区，其他各区也严重受损。这场灾难致使罗马通过了一系列法规：禁止未经批准临时建造房屋，私人住宅的高度须为街道宽度的两倍，房屋要加筑柱廊，禁止使用木质天花板，建筑物之间必须隔开。

帝国时代，罗马成为当时世界上名副其实的大都市。尽管众多纪念性建筑为罗马城勾勒了宏大的背景，但整座城市如触角一般延伸开来，非常混乱。因为没有实际的城市规划，这里的居民只能挤在皇宫、市场、花园和许多公共建筑之外的狭小空间里。

跨页图　这幅浮雕向我们展示了古罗马的纪念性建筑。大量华丽的建筑物造就了这一非凡的大都市，但它也面临着许多如今普遍存在的问题。比如，为了解决交通拥堵问题，白天不允许运货马车通行，但运送垃圾和公共建筑材料的车辆除外。因此，为车辆和马匹提供大面积的停车场（areae carruces）并雇用管理员是很有必要的。垃圾处理和道路清洁对城市管理者来说是相当大的问题，防火也是一项艰巨的任务，由接受军事化管理的警备队（vigiles）负责，他们配有梯子、水桶、防火毯和可以连接到公共喷泉的水泵。

右下图　罗马城镇的交通非常繁忙。这幅浅浮雕所示的四轮客车（raedae）和较重的四轮货车（sarraca）、稍小的两轮货车（plaustra）常常拥堵在一起。其中，两轮货车使用实心胎，主要供农民送农产品。还有一种轻型四轮客车，用于政府运营的运输服务。长途旅行的最佳交通工具是四轮旅行车（carruca dormitoria），乘客可以在车上睡觉。

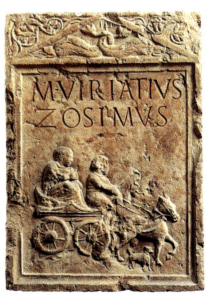

左上图 该浮雕展示了一位屠夫的工具。罗马人做买卖的方式和惯例与如今非常相似，在那时就有批发商和零售商，甚至有全年都在旅行的推销员，负责推广和销售大公司的商品。

右下图 该浮雕可以追溯到1世纪，是一家刀具铺。第一批商业行会成立于王政时代，在罗马经济的发展和管理中发挥了重要作用。奥古斯都时期，有150多家行会，都处于政府的监管之下，需要获得国家批准。

左下图 浮雕上是一家肉铺的内部，刻画十分细节。可以看到，屠夫身后有一根杆秤，面前挂着切好的肉块，地上有一只收集血水的盆。公元前2世纪起，罗马人才开始频繁吃肉，最常吃的是羊肉和猪肉。

4世纪时，罗马城大约有4.4万座公寓楼（*insulae*）和1800座宅院（*domus*）。总人口接近100万，这还不包括奴隶和来自世界各地不同肤色、不同种族的大量移民。所有人都挤在城墙内，混乱不堪。糟糕的道路网络让城市布局更显杂乱。城市的各个区域之间没有严格的划分；逼仄、不牢固的建筑物由狭窄、黑暗的小巷连接，通常和富丽堂皇的贵族宅邸共处一隅。

只有少数幸运的公民能住在舒适的房子里。大多数人住在小宅院，尤其是出租的大公寓楼里，公寓楼的质量也各不相同；那些挤满了平民的公寓几乎不适合人类居住。阁楼里不仅住着奴隶，还有普通人；马提亚尔的一位诗人朋友住在地窖里；楼梯下的房间和商铺的阁楼是更低等人的住所。大量的商铺（*tabernae*）使整个城市看起来像一个巨大的集市。人群中混有许多招徕顾客的小贩，让这一场景更加生动形象。商铺里售卖各种各样的东西，包括食物、布料、陶器、珠宝和书籍。除此之外，还有其他营业场所，如洗衣店、紫染店、制革店和面包店，以及铁匠、鞋匠、陶工、木匠、釉匠和石匠的作坊。银铺（*tabernae argentariae*）是主要进行货币兑换的"银行"。这些商贩主要在户外做生意，他们的货摊阻塞了街道和门廊，使交通更加拥堵。

大街上，担架、轿子和各种交通工具川流不息，还有羊群和牛群经过。到了晚上，街道又黑又危险，除了中心区域外，其他地方都没有照明。任何在夜里冒险外出的人都必须成群结队，或是至少让奴隶在前方拿着火把和灯笼。人们的日常生活基本在户外进行。不论是白天还是夜晚，城市都被笼罩在持续不断的嘈嘈声里。到了晚上，载着沉重货物和材料的马车才被允许在街道上穿行。所以，尽管街道上空无一人，嘈杂声还是不间断。正如马提亚尔所写："教师们早上不会让你清静，面包师晚上不会让你清静，铜匠不分昼夜敲敲打打。这儿，一位无事可做的货币兑换商，在他脏兮兮的桌上来回翻着一堆硬币；那儿，一位工匠用一把闪闪发光的锤子敲着已经粉碎的西班牙黄金矿石；而崇拜司战女神柏洛娜的狂热信徒们从未停止过吼叫。遭遇海难，满身缠着绷带的水手一遍又一遍讲述着自己的故事；那小小的犹太孩子在母亲的教导下仍在乞求施舍；眼睛红肿的小贩还在叫卖火柴……月食之夜，魔咒和巫术仪式肆虐时，谁又知道有多少双手正拍打着铜器呢？"

尽管这一阴郁景象与前文所述形成了巨大的反差，但在很多方面，罗马城和罗马的城镇为居民提供了后世难以想象的生活质量，至少在启蒙时代结束以前都是如此。

布商正在向顾客展示商品。左侧浮雕的天花板上悬挂着三个流苏软垫。一直以来，这些颜色鲜艳的奢侈品深受罗马人的喜爱，在家具陈设中扮演着重要角色。

古罗马的医生能够诊断出多种疾病，还能做外科手术，看牙和开处方药。该浮雕展示了一家药店的内部。

这块大理石浅浮雕描绘的是一位办公室里的钱商（*argentarius*）。银铺相当于现在的银行，业务包括存款、支付利息的贷款、生产经营投资和外汇兑换。每一项操作都记录在账簿上。

复杂的供水问题就是一个很好的例子。据统计，3世纪至4世纪，罗马城共有11条渡槽，每天供水超过100万立方米，以满足约100万人口的需求。罗马的人均日用水量是如今的两倍。浴室、喷泉和其他公共设施的用水量占比很高。罗马在鼎盛时期拥有11座大型温泉浴场，856个公共浴场，15座水神庙（*Nymphaeum*），2个海战湖（用于模拟海战的大型人工湖），以及1352个喷泉和水池。

庞贝城每日用水量也很大。只有那些没那么富裕的公民的房屋没有连接到城镇供水系统，不过，位于十字路口的许多喷泉满足了穷人的需要。在大多数城镇，废水能够通过复杂的排水系统高效地排走。

住宅和室内装饰

　　从拉丁姆的史前小屋到复杂且排列有序的庞贝城住宅，经历了很长时间的演变。在此期间，原始布局转变为著名的罗马风格。最古老的罗马房屋布局可以追溯到意大利的伊特鲁里亚人时期和更早的庞贝住宅，如外科医生之家，其门道（*fauces*）通向中庭（*atrium*），中庭设一水池（*impluvium*），用来收集雨水。卧室（*cubicula*）位于中庭两侧，主入口的对面是家史存档室（*tablinum*），附近是侧室（*alae*）。家史存档室有一条走廊通向花园（*hortus*）。当然，住宅的布局各不相同，但至少在公元前3世纪末以前，人们在伊特鲁里亚人、罗马人和坎帕尼亚人的住宅里都发现了这种布局。

　　从公元前2世纪开始，这种住宅类型转变为希腊-罗马风格，房屋变得更大、更奢华，最典型的案例之一是庞贝城的潘萨府邸。除了传统的罗马布局外，还出现了另一种布局，即通过扩建现有的房间，扩大房屋的面积和潜在用途，这就是"柱廊式宅院"，其特点是花园周围环绕着柱廊。这种类型的房屋主要发现于庞贝城，罗马共和国后期最为流行。有些柱廊式宅院拥有双柱式柱廊、浴室、图书馆、地道、躺椅餐厅（*triclinia*）和其他房间，这些房间的命名源自希腊语。

　　柱廊内存放着艺术品、雕像和大理石装饰品。赫尔墨斯头像方碑（Herms），半身像和刻有戏剧面具、萨提尔、西勒尼（Sileni）、小天使的浮雕被放置在中心区域，那里通常是花园。花坛装饰着桃金娘、迷迭香和百里香组成的矮树篱。喷泉和水神庙周围种着莨苕，还有其他种类的花朵更为此地增添美感。树木有松树、冷杉、橄榄树、夹竹桃和月桂树，还有诸如石榴树和苹果树之类的果树。藤蔓和常春藤被用来为绿廊遮阴。根据所谓的树木整形术（*ars topiaria*），罗马园丁善于将常青植物修剪成动物或几何形状。水神庙、喷泉和水渠为柱廊增添了几分趣味，装饰着马赛克的壁龛和拱顶是柱廊的建筑特色。

　　这些新型住宅的另一典型房间是躺椅餐厅（一般餐桌三面设躺椅），位于柱廊旁，仅用于进餐。在罗马引入斜卧式用餐习惯后，人们才开始使用躺椅餐厅。庞贝宅院的躺椅餐厅只能让我们大概推测，罗马城宅邸里的躺椅餐厅可以容纳大量客人。还有很多坐

跨页图 这幅插图重现了典型的庞贝住宅。打开门是一条门道，通往露天中庭。此图展示的是并未涂抹灰泥的房屋，可以看到其中的砖石结构。庭院中间是一方水池，用于收集雨水，然后输送到地下蓄水池。中庭周围是卧室；在一些住宅里，卧室尽头有两个开放式的侧室，用途各异。入口前方的房间是家史存档室，主人在那里接待客人；旁边是用于家庭就餐的躺椅餐厅。厨房是一个俯瞰中庭的小房间，厕所一般在厨房附近。楼上的房间有各种用途，如书房、图书室和用人的住处。住宅后方是柱廊庭院，即柱廊环绕的花园，饰有喷泉。面向主路的房间通常被用作商铺。与现代住宅不同的是，罗马住宅的布局基本上全部朝内，光线和空气通过柱廊庭院进入，临街的墙壁很少有窗户。

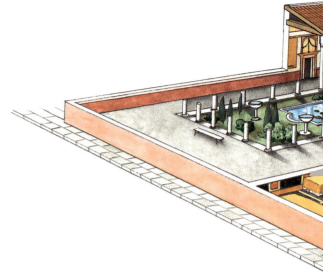

该浮雕刻画了两个正在做家务的仆人。罗马社会等级森严，分为自由人和奴隶（战俘、欠债者、失去自由的罪犯），奴隶主对奴隶拥有生杀予夺的权力。奴隶在奴隶市场上被出售，依据能力做各种不同的任务，有的做农活，有的教数学；有些奴隶的价格高得离谱。有时，奴隶还会因为功绩斐然而获得自由人的地位；许多自由人靠自己的能力积累了大量财富，转而购买其他奴隶。

落在花园里、绿廊下的露天躺椅餐厅，在天气暖和时使用，可以欣赏到美丽的喷泉。

　　然而，真正的罗马人的家并不是奢华的宅院，而是拥挤的出租公寓楼。这些公寓楼由砖石砌成，还有一层砖块幕墙；一楼通常有商铺，最舒适最豪华的公寓在靠近内庭的地方。楼上几层是其他住宅，楼层越高越不稳固。

　　罗马城的公寓楼遗址几乎未有保存，而奥斯提亚还保留着许多公寓楼的遗迹，如御车夫之家（House of the Charioteers）、塞拉皮斯之家和戴安娜之家。在人口众多的罗马，这些公寓楼通常高达 30 米，租金也高得令人难以置信，是其他城镇的四倍。贫穷的住户不止一次被国家免除房租，但贪婪的房主常常迫使住户转租。房地产投机盛行，公寓楼的买主经常故意毁坏房屋或是纵火。

　　住在公寓楼还要忍受各种不适。穷人住在公寓的高层，几乎没有基础设施。由于

公寓楼的遗址只保留到二层，我们无法找到自来水设施存在的证据。无论如何，要向公寓高层供水还存在资金困难。同样，厕所的数量也很少。住户不得不用危险的火盆取暖。普通老百姓不怎么在家做饭，大多数人在街上随时进食，和如今的一些亚洲国家一样。小贩们售卖烤肉、香肠、炸鱼、橄榄和糖果。街上还有小酒馆，奥斯提亚的一些酒馆很出名。除了柜台外，罗马人还把食物储存在陶罐里，火炉、壁炉和火盆旁。这些小酒馆也被称为小吃店（popinae），名声不佳，聚集着各种各样的人，赌博也很常见。富人热衷于举办盛大宴会，其饮食大不相同：主菜通常是肉类；菜肴总是经过精心烹饪，馅料讲究，味道浓烈。

不过，在罗马人的家里，厨房只占很小一部分空间。他们的室内装饰之少更是令人惊讶。墙壁上有很多壁龛和壁橱，用来放置物品和家居用品。床和桌子是用砖石做的。

征服希腊王国后，奢侈品源源不断地从这些地方涌入罗马。罗马因此经历了一段风格优雅的时期，这一点可以体现在家具上，许多家具几乎完好无损地保存了下来。这三幅图片展示了一架来自公元前 1 世纪的精美青铜床，出土于阿布鲁佐的阿米泰尔诺，木制部分已全部重制。

较为富裕的家庭拥有全套做工精细的银制用具，包括水壶、盘子、牛角杯和餐具。普通家庭使用青铜器或陶器。

公寓楼里空间很小，只有一张草垫、一张桌子和几把椅子。宅院式住宅里，神龛（*lararium*）位于入口旁，中庭或是厨房附近，供奉着拉列斯（家庭和住宅守护神），神像前摆放着食物和酒。神龛旁放着祖先们的塑像（*imagines maiorum*）。

富裕家庭的餐厅里，最具特色的家具是躺椅，通常排列成马蹄形。每张躺椅可以容纳三个人，其中最引人注目的躺椅是用优质木材制作，镶有青铜装饰。可以转动的椅腿和头枕（*fulcra*）也是青铜做的。食物摆放在圆形三腿桌上。一种源于伊特鲁里亚的餐具柜（*abacus*）被罗马人用来展示上等陶器。

罗马人家里的桌椅也是种类繁多，桌腿的数量、桌面的样式各不相同。尤其精美的要属独脚桌，用料选自雪松木和毛里塔尼亚枫木等珍贵木材，这些木材是在征服小亚细亚之后引进的。椅子有专门给男性家长设计的锁里姆椅（*solium*），也有卡台德拉椅（*cathedra*），这是一种典型的女式座椅，没有扶手，椅背高且呈弧形。装有各种物品的橱柜和箱子就是罗马人的家具。室内装饰包括各种不同形状和大小的烛台、地毯和窗帘。在较富裕的家庭里，马赛克和绘画是非常重要的装饰物。尤其是绘画，既装饰了房间，又巧妙地运用透视效果扩大了空间。有的富人还会收藏雕像、艺术品和珍本书。

罗马人把所有用来装饰住宅的东西称为 *suppellex*（家居用品），包括陶器和壁画。玻璃器皿非常受欢迎，其制造工艺达到了完美水准。

罗马人用各种形状和大小的火盆来为房间取暖。图中的火盆发现于赫库兰尼姆，其支架状似年轻的森林之神萨提尔，设计十分优雅。在罗马时代，人们并不认为阴茎像是粗俗不雅的，反而具有吉祥和辟邪的作用。这解释了为什么很多庞贝住宅的墙壁上都有绘画或雕刻的阴茎，目的是为了避开恶魔之眼。

娱乐

浴场里，女人们进入健身围廊（palaestra），穿着类似于现代比基尼的裹胸（brassière）和缠腰带（subligar）洗澡。位于皮亚扎－阿尔梅里纳别墅（Piazza Armerina villa）内，有一个房间装饰着著名的马赛克镶嵌画，画中共有 10 个女孩。该局部图中，两个年轻女人正在练习体操，做沐浴前的热身运动。浴场受到罗马社会各阶层的青睐，是城市的社交中心，它不仅能让人们保持个人卫生，还拥有会议室和阅览室，可以举办会议和体育赛事。

渡槽供应的洗澡水存储在大水箱里，通过管道输送到冷水浴池，管道由阀门和龙头控制。需要加热的水被转移至锅炉，在必要时与冷水混合，然后输送到热水浴池。如图，另一种方法是在热水浴室中同时提供加热的水和空气。热空气从火炉飘出，从水池的一部分，即 *testudo alvei*（直译为"水池的乌龟"）的下方通过。根据流体对流原理（冷水趋于下降，热水趋于上升），使水池保持恒温。热空气被输送到火坑（地板下由石柱支撑的空间），流经砖砌的管道，上升至屋顶的通风口。管道完全覆盖了热水浴池的墙壁。虽然地板由厚厚的绝缘石板铺成，但还是很热，因此人们穿着木屐。私人别墅也使用类似的供暖系统。

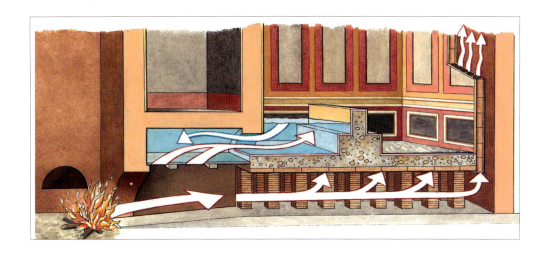

　　和如今的人们一样，古罗马人也要打发自己的空闲时间。对大多数流浪汉、失业者、移民和冒险者来说，他们的选择很多，可以在广场、方型会堂和柱廊闲逛，或是在酒馆喝酒赌博。对于普通公民来说，早早结束工作后，下午的时间还很长，而天黑后城市又非常危险，所以他们不得不在晚饭前找些事情做。

　　洗澡是一个很好的消遣方式。无论贫富，还是男女老少，洗浴已经成为罗马人的日常习惯。在帝国时期，浴室免费向公众开放，最多可能收取四分币的入场费，远低于一升葡萄酒或是一块长面包的价格。浴场的各个房间是按照洗浴顺序排列的。

　　第一个房间是更衣室（*apodyterium*），接着是热水浴室（*caldarium*），温水浴室（*tepidarium*），之后是冷水浴室（*frigidarium*），最后是露天游泳池（*natatio*）。周围有房间可以蒸桑拿、擦油、做按摩和脱毛。还有健身房、图书馆、阅览室、休息室和小吃店。因此，浴场不仅是强身健体的地方，还是社交场所，人们在这里相聚，谈论政治、体育和生意。

　　浴场最受欢迎的运动之一是球类运动。根据不同的比赛，在户外或是特殊的封闭

这幅赤陶浅浮雕生动地刻画了一名正要绕过转向柱的马车夫。最受观众欢迎的是那些无所顾忌表演特技以展示勇气和技巧的选手，这些出色的表现会得到管理员的丰厚奖励。

帝国后期，竞技场景在马赛克镶嵌画中十分常见，证明这种娱乐活动在当时非常受欢迎。实际比赛和技能竞赛、喜剧表演交替进行，但只有在四支官方队伍的马车夫出现时，观众们才会真正疯狂起来。

球场（*sphaeristeria*）里，人们会给球填充羽毛、沙子或空气。最常见的游戏是三人球（*trigon*），还有一种类似于如今橄榄球的哈巴斯托姆（*harpastum*）运动，玩家必须在对手的推搡下将球控制住。

　　另一个吸引人的地方是娱乐场所，主要指竞技场和圆形剧场。在罗马，公众表演一直是政治和选举宣传的手段，帝国时期，更是成为皇帝维持绝对统治的方法之一。政府还会定期发放谷物以稳固统治；人们填饱了肚子，有事可做，就不会思考太多。娱乐活动，通常也叫竞技表演（*ludi*），在被赋予这一特殊角色后开始逐年增加，与之相关的节日也在增加。到了帝国时代，每年有 182 个节日。

　　竞技通常在白天进行，有时也在晚上举行，用火炬照明。比赛通常持续几个小时，而在圆形剧场里的比赛加上中场休息和中断的时间，甚至可以长达一整天。竞技表演被视为社交活动。人们穿着优雅的服饰，梳着美丽的发型，戴上珠宝，由女佣陪同来

车夫非常受欢迎，他们常常积累了巨大的财富。马儿也有自己的"粉丝"，人们给它们取名胜利者、阿道兰多斯，或是皮里皮努斯等有趣的名字。各队的支持者之间经常爆发激烈的争论。

到圆形剧场，既是为了观看比赛，也是为了让别人注意到自己。有的人为了打扮自己，不惜负债或是挥霍钱财。最古老的马车比赛（*ludi circenses*）是在大竞技场上举行的。这座巨大的建筑结构特殊，除了石头阶梯，还搭建起木制看台，可以容纳超过 25 万名观众。大竞技场的主要特色是一道长约 340 米的纵向矮墙（*spina*，场地中间的分隔屏障），还有丰富的建筑和装饰元素，如拉美西斯二世方尖碑，该碑是为了纪念征服埃及而被运往罗马的。矮墙一端有七枚镀金青铜蛋，另一端立有七个大型青铜海豚；比赛时，从每组轮流移除一只蛋或是海豚，以标示马车圈数。

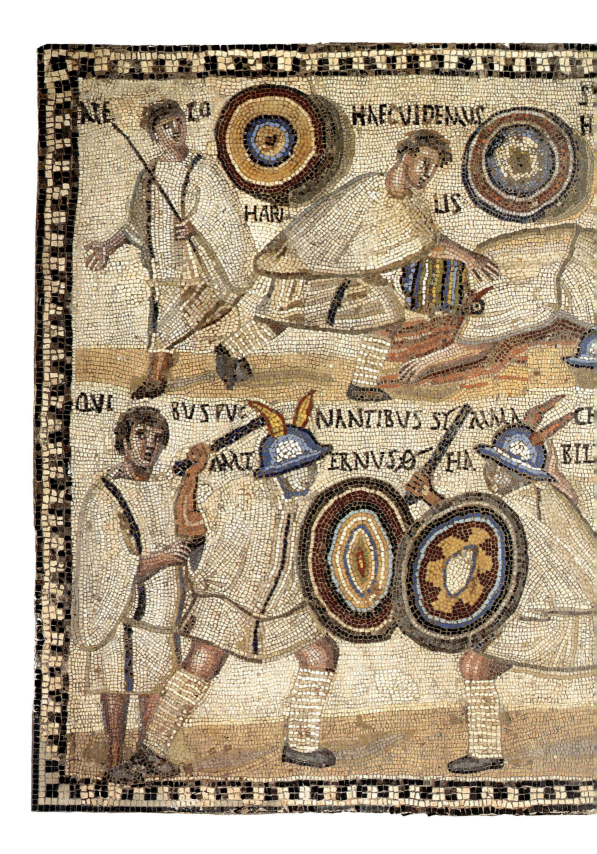

跨页图 这幅马赛克来自4世纪，展现了圆形剧场里的场景。角斗起源于伊特鲁里亚人，奴隶或囚犯被迫在名人的葬礼上搏杀，以满足神灵的嗜血欲望。这一习俗后来传到罗马，其意义逐渐发生改变，角斗转变为日益盛大的公共娱乐活动。角斗士表演在专门的场地举行，由想要博得人们喜爱的皇帝和政客资助，并在帝国各省流行开来。

角斗士根据武器和装备进行分类。角斗表演需要大规模的组织，有专门的学校教授搏斗技巧。最出名的角斗士学校叫作大训练场，位于罗马，在斗兽场附近。

　　大竞技场上，由两匹、三匹或四匹马拉着的轻快马车都可参加比赛。车夫必须以尽可能快的速度围绕矮墙逆时针行驶七圈，在转向柱（位于矮墙两端的三根锥形柱）处拐弯。在比赛时，各种卑鄙的手段不但不会被禁止，反而为观众所欣赏，比如，右侧马车会故意向左挤轧，为了让左侧马车撞到矮墙上。马匹和车夫被分成不同的队伍，每支队伍都有自己的颜色。起初有两种颜色，后来很快增至四种：红队（*Russata*）、白队（*Albata*）、蓝队（*Veneta*）和绿队（*Prasina*）。红队通常和蓝队比赛，白队则和绿队比赛。各队车夫在比赛时穿着相应颜色的衣服，包括一件无袖外衣；一条紧紧包裹胸部的皮带，以防止肋骨骨折；一双绑腿，可以保护小腿和大腿；一个头盔，可以保护头部。

　　车夫非常受欢迎，并且积累了大量财富。参赛的马也有自己的"粉丝"，人们还给这些马取名，有的名字令人印象深刻，如胜利者（*Victor*）和疾驰者（*Incitatus*），有的名字非常有趣，如皮里皮努斯（*Piripinus*）。斗兽场则上演着另一场狂欢。弗拉维圆形剧场也就是斗兽场于公元80年建成，平面呈椭圆形，周长537米，高50米，是一座与罗马城相称的建筑物，将宏伟与超现代化功能相结合。剧场中覆盖着沙子的木板下方是地下室，为剧场提供各项服务，还有一台可以操纵舞台布景和运送野兽的升降机。为使观众免受酷热，剧场顶部还

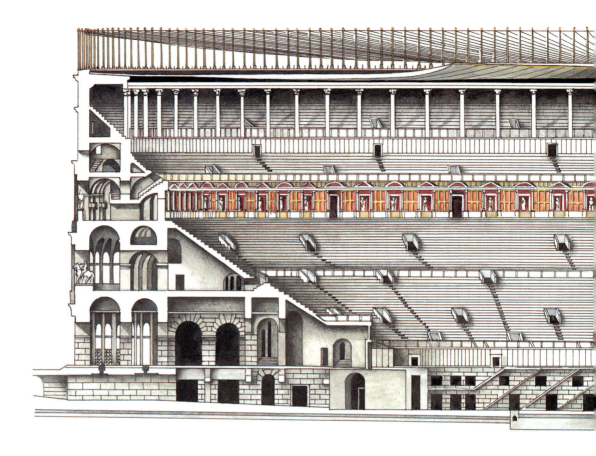

搭建了帆布篷，由专门的水兵在外部撑起。为庆祝剧场落成，罗马人连续举办了100天的庆祝活动，共有数百名角斗士和5000多只动物为此丧命。角斗在圆形剧场进行，角斗士们经过特殊训练，使用专门的武器和技巧来应对不同的战斗。开场白结束后，伴随着重要节日专用的管弦乐声，演出开始了。场内，几对角斗士同时开始战斗；那些没被杀死但无法继续战斗的人可以放下武器，举起一只手臂请求宽恕，由皇帝进行裁决。这时，观众们会呐喊"米特"（送他回去）或是"伊乌古拉"（割断他的喉咙），而皇帝通常会顺从观众的要求。角斗士分为不同种类：追逐者角斗士（*secutores*）、长枪角斗士（*oplomachi*）、激怒角斗士（*provocatores*）、渔网角斗士（*retiarii*）、鱼冠角斗士（*murmillones*）和色雷斯角斗士（*thraces*）。渔网角斗士的装扮很有趣，他全身唯一的防御是金属条做的"袖子"，从左臂保护到肩部，手持长长的三叉戟和一张渔网，试图用渔网困住对手。渔网角斗士的对手通常是鱼冠角斗士，后者身披重甲，头盔上有一鱼形冠（*murma*）。因此，这场战斗象征着鱼和渔夫之间的搏斗。角斗士的出身各不相同，有奴隶、战俘和被判死刑的因犯，也有一些自由人，可能是因为饥饿而从事这种可怕的职业。

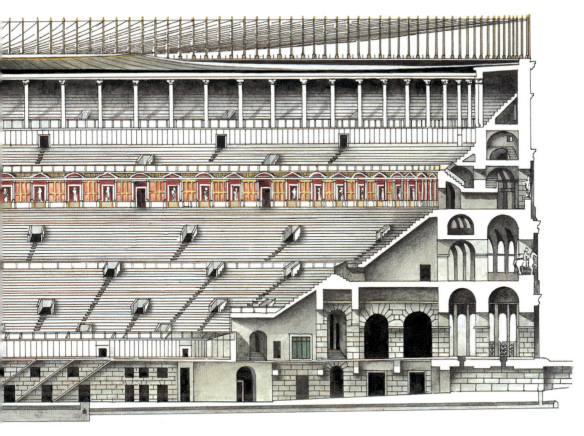

跨页图　75 年至 80 年，弗拉维圆形剧场的建造只花了 5 年时间，落成时举行了为期 100 天的角斗士表演和人兽搏斗。它的设计堪称奇迹，尤其是剧场的宏大规模，高 50 米，椭圆平面的长轴长 188 米，可容纳 5 万到 7 万名观众。据估计，修筑这座剧场需要 10 万立方米的石灰华，6000 吨混凝土和 300 吨固定石块的铁制支架。

为了加快建造进度，整个工程被分为四个部分，每个部分委托不同的承包商完成。此外，还制定了一份旨在优化成本的详细规划，依据建材和高度对各部分进行设计。剧场共有 80 面辐射状的墙壁，由外向内汇聚，支撑着由石灰华石块搭成的观众席，以及复杂的通道和楼梯系统，而观众可以凭借这个系统在几分钟内离开这座巨大的建筑。

承重结构的材料是毛石，墙之间的拱顶是用混凝土浇筑的。外圈共有四层楼，其中，一到三层楼各有 80 个拱门，它们相互支撑，使建筑的重量平衡分布到地基。支撑着巨大的遮阳篷的 240 根桅杆被安置在第四层楼的外围，那里有很多方形窗。遮阳篷由数条帆布组成，需要 100 名来自米塞努姆舰队的水兵操控。

该陶俑塑造了两个正在战斗的角斗士。角斗士通常是被判死刑的罪犯，或是犯了重罪的苦工和奴隶；也有被成名和发财吸引来的自由人。令人难以置信的是，很多角斗士在赢得最后一场战斗并获得自由后，受到巨额金钱的诱惑，选择继续战斗；其中，有许多人的名字家喻户晓，广受群众喜爱，他们最后累积了相当多的财富，结束了自己漫长的职业生涯。一般认为，最有名的角斗士会在搏斗时将风险降到最低，用高超的技巧让人们疯狂，就像如今的摔跤运动一样。

本页图 角斗士归"经纪人"（*lanista*）所有，经纪人出钱训练他们，并为他们提供装备。如同在庞贝发现的头盔和护膝一样，他们的武器和胸甲通常装饰华丽。角斗士们分为不同的组织（*familiae*），住在特殊的营房里，如同监狱一般，但这并不妨碍他们接待自己的粉丝，或是被健壮肌肉吸引来的主妇。只有那些经验最丰富的老手在经历了漫长的职业生涯后，才能重获自由（以木剑为象征），但他们通常会继续待在这一行从事培训工作。

跨页图 图密善下令修建斗兽场地下室，他还采用特制的结构来打造海战湖（在注水的斗兽场上进行的小型海战）。迷宫般的地道、小房间和服务通道极大地发挥了圆形剧场的功能；通过使用绞车和平衡装置控制的斜坡和升降机，以及描绘着神庙、森林和山脉的布景，野兽和一队队角斗士能够突然出现在斗兽场中央。兽笼之间的通道可以用隔板关闭，以防野兽逃走。地下室的屋顶是木板，装有各种活板门，上面覆盖着细沙。为了保护前排观众免受野兽袭击，斗兽场的四周布下了牢固的安全网。

　　狩猎（*venationes*）也是圆形剧场的经典表演之一。人们将长时间处于黑暗中的饥饿动物扔进场内，为体现壮烈的死亡效果，狩猎节目既有人与公牛、犀牛之间的搏斗，也有野兽之间的决斗，甚至还会让野兽追逐手无寸铁之人，此人最终只能被野兽撕成碎片。斗兽的布景经过精心设计，为的是再现野兽生活的原始环境。除此之外还有其他小型的娱乐活动，如驯兽展览、侏儒追逐野兔的滑稽模仿、杂耍表演、

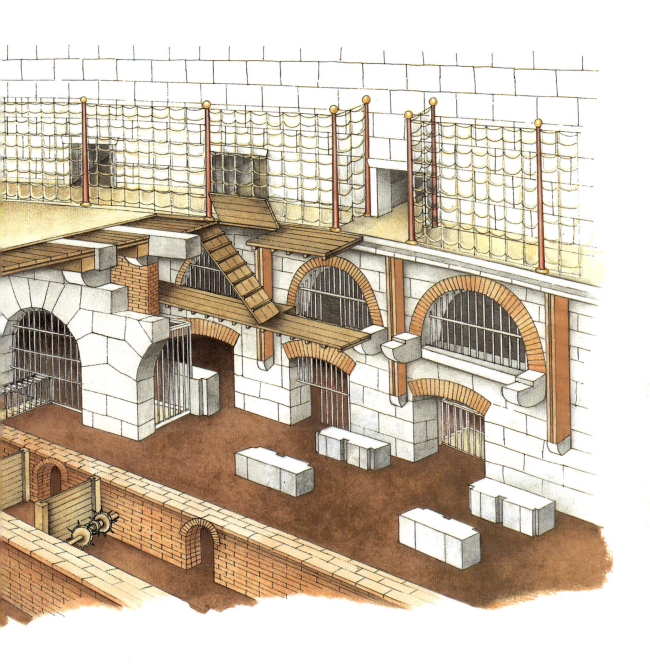

杂技表演和魔术表演。一些热门节目讲述神话、历史故事和民间传说，如盗贼被人们抓住，钉在十字架上，或是被熊撕成碎片。人们对这些故事深信不疑。对血腥场面的狂热追求极大地刺激了民众，在较为开放的时期，一些上流社会的女人也会在斗兽场表演，比如这条记载："胸部赤裸的梅尔维娅挥舞着烤肉叉，在斗兽场上追逐着一只托斯卡纳野猪。"

跨页图 在罗马，戏剧表演远没有马车比赛和角斗受欢迎。这种情况至少部分是由公元前 2 世纪贵族颁布的排斥剧院的法令所造成的，这一法令阻止了固定剧场的建设，一直持续到庞培时代。他们之所以讨厌剧场，是因为将大量民众聚集在同一地点会引发风险，即剧作者可能会用过度自由论和其他危险言论煽动暴民。即使在帝国时代，舞台上的戏剧也处于密切监管之中。

下图 这块浅浮雕来自 1 世纪，描绘了滑稽的戏剧场景。在罗马剧院成功上演一系列伟大作家（李维乌斯·安德罗尼柯、恩尼乌斯、普劳图斯和泰伦斯）的作品后，公众对这类表演失去了兴趣。相比于传统的希腊风格的戏剧，人们更喜欢基于即兴和下流玩笑的简单表演。帝国时代，戏剧从舞台上消失了，成为私人客厅里上层人士的读物。

　　民众习惯了刺激，对高雅的娱乐活动就不怎么感兴趣了。实际上，在当时，体育竞技和展演被认为不道德。尽管如此，图密善还是下令在阅兵场上建了一座宏伟的竞技场，意图复兴古希腊体育竞技。他还在竞技场附近修建了一座音乐厅，供音乐家和歌手表演。模拟海战（naumachiae）更受人们欢迎，这是一种在人工湖里进行的小型海战，常有战斗者在表演中身亡。比较有名的是位于特拉斯提弗列的奥古斯都海战湖，该湖长 536 米，宽 357 米，由一条专门的渡槽供水。为了纪念海战湖建成，罗马人举行了一场开幕表演，动用了 3000 人（不包括船员）投入战斗。

举办一场戏剧演出耗费巨大，尽管政府提供了慷慨的资助，
但最有名的剧团会收取高昂的费用，并把条款强加给经理。
经理还要支付舞台工作人员、裁缝和布景设计师的工资。
在这幅庞贝出土的马赛克镶嵌画中，演员们正在为演出做
准备，其中一人正在演奏提比亚，这是一种类似于笛子的
管乐器。

帝国时代的罗马人并不喜欢辉煌古老的悲剧，比起传统的戏剧，他们更喜欢哑剧。罗马人从戏剧中截取片段，加以改编，强调其中恐怖、神秘和粗俗的元素。伴随着音乐和舞蹈，哑剧表演者独自完成所有动作。一些哑剧演员被人们奉为偶像，赚得盆满钵盈。

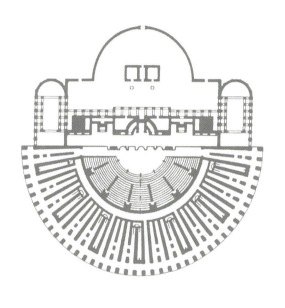

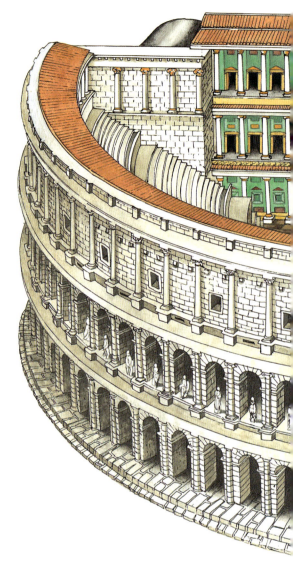

跨页图　直至公元前 55 年，罗马都未曾建起固定的砖石剧场，除了一些临时的木制建筑。一个世纪以前，一项建造永久性剧场的提议遭到了元老院的强烈反对，他们认为这种工程会导致道德腐败。后来，恺撒建造庞贝剧场，增加了平民的娱乐活动，状况才有所改变。很快，剧场在意大利各地和帝国各省建立起来。和希腊剧场不同的是，罗马剧场（见上图马塞鲁斯剧场）的观众席并非建立在天然的山坡上，而是由特殊的砖石结构支撑。

舞台后方的建筑要高得多，也更为精致，看上去像一座巨大的两到三层楼的厢房，有三个演员进出口。主角走中央入口（regia），配角走两侧入口（hospitalia）；演员们从舞台的左侧或右侧进入，表明人物来自不同的城镇或国家。舞台布景和设施增加了演出的乐趣，舞台下方的乐池里坐着管弦乐队。

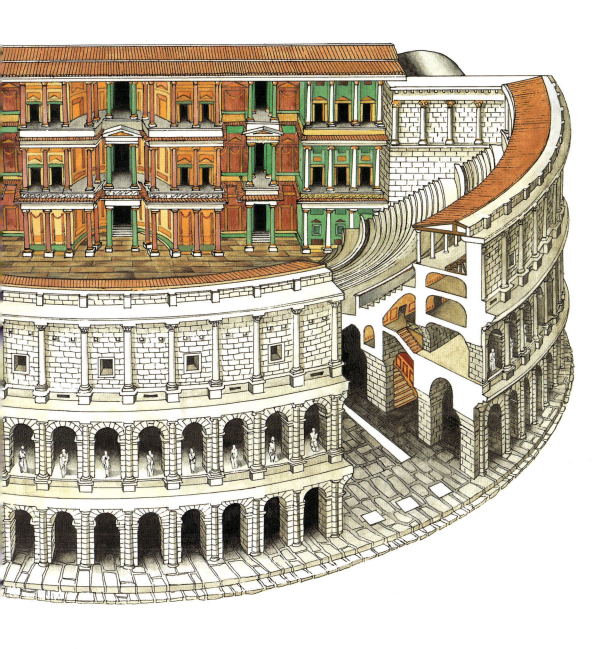

下一跨页图 这幅著名的马赛克镶嵌画发现于庞贝城的西塞罗别墅，可以追溯到公元前 1 世纪，上面有来自萨摩斯的希腊裔艺术家狄奥斯库里得斯（Dioskourides）的签名。画中描绘了一些新喜剧角色，即崇拜西布莉女神的巡回演奏者。仿剧和全仿剧在公元前 1 世纪大获成功，注定会取代希腊悲剧。仿剧以滑稽和色情题材为特色，有时还带有政治讽刺，表演与舞蹈交替，不使用面具。

女性也参加这些表演，她们通常衣着暴露，有时被要求表演脱衣舞，处境比妓女好不了多少。全仿剧以悲剧为主题，受到神话和历史的启发。演员是舞者，通过旁白和背景音乐，强调他们的动作。

服饰和发型

上页图 图拉真时代，女人的发型变得十分精致。如图的一堆卷发是用一种金属卷发钳烫出来的，这种发钳在烫湿发之前要先加热。

罗马人的服饰非常简单。基本外衣是丘尼卡（*tunica*），通常设计为无袖紧身，长及膝盖或小腿，饰有紫色条纹（*clavus*）。元老穿宽条纹，骑士穿窄条纹。丘尼卡外再穿一件托加（*toga*），托加是一种纯羊毛的白色大斗篷，将身体包裹住，只留一只右臂在外。16岁以下的男孩穿着饰有紫色条纹的镶边托加（*toga praetexta*），成年后，他们会在一个所有家庭成员都参加的特别仪式上改穿白色的成人托加（*toga virilis*）。女人在丘尼卡外穿一件斯托拉（*stola*），即一种短袖连衣裙，在腰部用腰带收紧，巧妙地垂下，形成优雅的皱褶。在室外，女人们身着帕拉（*palla*）以遮住头部。罗马人最常见的鞋子是靴式凉鞋（*calcei*），类似于踝靴。女人的发型因时代而异，是一种推测年代的有效依据。罗马人早期的发型非常简单，头发从中间分开，在颈后盘成一个发髻或是扎成马尾辫，有时在前额点缀一层薄薄的卷刘海。奥古斯都时期，发型变得更为精致。弗拉维王朝的发型最为复杂，卷发的构造极为繁复。必不可少的美发工具是用青铜、骨头和象牙制成的梳子，还有在火盆上加热过的空心卷发钳。

女人们还用发夹、丝带、发网、假发和发片来增加发型的体积和容量。染料和漂发剂也非常流行。人们经常用巴达维亚泡沫剂（*Spuma Batava*）把头发染成铜金色。

这尊半身像是安东尼努斯·皮乌斯的女儿小福斯蒂娜，她头上宽宽的卷发勾勒出脸部轮廓；头发梳成瓜式，然后卷成一个发髻。

假发得到了广泛使用，为更复杂的造型增加发量；头发在脑后梳成复杂的"甜甜圈"式圆髻。富有女性的妆发由专门从事美容服务的奴隶完成。

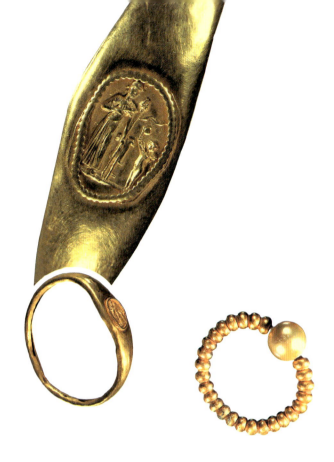

左图 这只金手镯的宝石座上装饰着浅浮雕，环绕着一圈滚花边。浮雕中，一个裸体的小天使手持镜子，站在一位穿着长袍的女性面前。这就是著名的"庞贝的维纳斯"，也出现在一些被埋城镇出土的壁画中。

中图 自1世纪起，这种戒指在罗马珠宝中十分常见，它由一串滚花的纯金珠组成，其中镶嵌着一颗珍珠；珍珠可以用次等宝石代替。

右图 这对罕见的耳环的宝石座上镶有石英碎片。这两件珠宝是在庞贝城附近的奥普隆蒂斯发现的众多珍贵的珠宝之一。

珠宝和香水

　　公元前1世纪，罗马人开始制作珠宝。战争给罗马带来的战利品不仅有艺术品，还有珍珠和名贵的宝石。在庞贝、斯塔比亚（Stabia）、赫库兰尼姆和奥普隆蒂斯发掘的个人饰品大致展现了帝国早期最常见的珠宝。罗马人喜欢色彩鲜艳的珠宝，尽管做工不甚精致；珍珠、宝石和玻璃制品与黄金的明黄色形成鲜明对比，能够制成效果极为浮夸的珠宝。这种珠宝为新富们所钟爱，特里马尔奇奥（Trimalchio）的妻子福尔图娜塔（Fortunata）就很喜欢这种浮夸的饰品。形状大小各异的耳环（inaures）很受人们欢迎。普林尼曾说，"如今，人们去中国买衣服，去红海深处寻找珍珠，去地底挖掘翡翠。人们还发明了穿耳洞的方法。显然，他们并不满足于将珠宝戴在脖子、头发和手上，还要将其嵌入身体里。"化妆品也是繁荣贸易的重要组成部分。油膏和香水装在精致的小瓷瓶、雪花石膏瓶或是玻璃瓶里。罗马人不加节制地使用这些化妆品，尤其是女性，她们花费大量时间化妆和调制面膜，面膜的成分包括植物和各种有机化合物，有些成分简直难以形容。

内侧项链发现于庞贝，来自1世纪，饰有椭圆的珍珠母宝石座和绿宝石棱柱。人们在奥普隆蒂斯发现了同一时期的另一条项链（外侧），由金锭和绿宝石交错组成。绿宝石非常受罗马人欢迎，部分是因为它们在自然界中以规则晶体的形式出现。

这条金链出土于庞贝，由94片常春藤金叶组成，原来应该更长。一般佩戴在衣服外面，用来装饰紧身胸衣。叶片上有压花。

各种化妆品混合在碟子和碗里。女人们先在脸上涂一层铅白或是混合了蜂蜜和脂肪的铅粉作为打底。为了使面色红润，铅白常常与赭土、硝石末或是廉价的酒渣等染料混合在一起。她们还将蓝灰赤铁矿研磨成亮片，撒在脸上，让皮肤更有光泽。睫毛和眉毛用煤烟来加粗，眼睑使用绿色或蓝色眼影。最后，点上一颗小小的美人痣，再给双颊涂上一抹胭脂，营造出优雅的妆容。老普林尼曾提到过一些美容技巧。

对抗皱纹："人们认为驴奶可以消除脸上的皱纹，让皮肤变得柔软白皙；一些女人以每天护理七次脸部而闻名，尼禄的妻子普碧雅就是该行为的开创者；普碧雅还用驴奶洗澡，因此她旅行时总带着成群的驴。"

对于痤疮，"面部的粉刺可以通过涂抹黄油来去除，若是混合铅白则更加有效"。对于面部溃疡，"面部溃疡要用温热的牛胎盘治疗"。对于面癣，"将小牛生殖器制成的胶溶解在含硫黄的醋中，与无花果枝混合，每天涂抹两次"。

两颗或两颗以上珍珠做成的耳坠被称为"crotalia"，因其和一种简单的打击乐器响板（crotali）发出的清脆声音相似。珍珠被视作名贵之物；最昂贵的珍珠通常从红海进口，售价高得离谱。不那么富裕的人们只能佩戴玻璃或珍珠母的仿制品。

与优雅细腻的希腊珠宝相比，罗马珠宝要简单得多。它摒弃了制粒和金银丝细工等复杂的工艺，追求更为坚实和浮夸的效果。用诸如水晶、红缟玛瑙和其他玛瑙，或更普通的玻璃浆（glass paste）制成的浮雕非常受欢迎。从帝国早期开始，在吊坠和戒指上装饰浮雕越来越普遍，并在 1 世纪广为流行。浮雕的内容既有神的肖像画，也有神话故事情节。

这条较为朴素的项链有两根链条，由"8"字形的金箔叶链环串联起来。在一些公元前 1 世纪到 1 世纪的同类物件中，链扣和扣环的设计很常见。

项链的主要类型为颈链（*monilia*）和链条（*catellae*），链条可以长达两米，用于突出女性特征。这条金链发现于庞贝，被人们系在衣服外，紧紧束住腰部，在胸前和肩膀处交叉。

这种蛇头相对的戒指出土于庞贝，即使在宝石风靡的时候也从未过时。

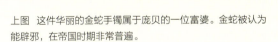

上图 这件华丽的金蛇手镯属于庞贝的一位富婆。金蛇被认为能辟邪，在帝国时期非常普遍。

右图 这块金箔制的垂饰"bulla"装饰着金丝，发现于庞贝。罗马人把一切圆形的、看上去好像盛满水的物体称为"bulla"。起初，这个名字指的是用皮革或其他材料制成的戴在脖子上的垂饰。随着时间的推移，它从幸运符变成了珠宝，但依旧有护身符之意，用来抵御恶魔的眼睛。只有自由民才可以佩戴"bulla"。

军队

　　起初，罗马的经济和文化实力是靠武力获得的，之后也一直靠武力保卫着，直至帝国崩塌。因此，从很多方面来看，罗马的实力都依赖于军团的力量。帝国后期，蛮族一次又一次入侵，罗马社会面临着严重危机，再也无法凝聚物资和人力来扭转局势。

在帝国覆灭以前，罗马军队是那个时代组织最有序、效率最高的军事机构。其出色的训练、专业化的军队、广泛的后勤保障网络和先进的武器缔造了一个完善的机制。罗马军队以其强大的战斗力为无数卓越的军事家服务了八个多世纪。尽管王政时代的史料记载并不完整，但众所周知的是，那时的社会阶层分为自由民和无法享有完整权利的人，因此后者并没有应征入伍。最初的罗马军队由三个部落组成，每个部落提供1000名步兵和100名骑兵，以备不时之需。他们的装备有皮革胸甲、头盔、护膝、木盾、长矛和长剑。由于士兵需要自备武器，他们的武器和装备并不标准一致，而是取决于个人收入的高低。

第一次军队改革发生在塞尔维乌斯统治时期，对军事，尤其是政治，产生了重大影响。根据收入多少，罗马人被分为五个阶层，每个阶层再细分为"百人队"，共有193个百人队。实际上，隶属于最高收入等级的人必须缴纳更多的税，承担更重要的军

军团士兵训练有素，能够在任何情况下作战，并应对各种后勤需要。在图拉真纪功柱的这幅浮雕中，士兵们正在修建堡垒。

上页图 从帝国时代起，许多石棺上都装饰着战争场景。从一开始，罗马社会就充满了浓厚的尚武精神，影响了罗马的整个发展历程。

下页图 奥古斯都组建近卫军作为自己的贴身卫队，为他的继任者们建立了控制都城的主要军事体系。近卫军驻扎在兵营里，身着特殊制服，薪酬比军团士兵更高，服役时间也更短。在两个多世纪里，近卫军是驻扎在意大利的唯一军队，在他们的影响下，几位皇帝得以掌权。

事职能。因此，骑士从富裕公民等级中脱离出来，步兵从其余劳动人口中征募，没有财产的人免服兵役。

财产的差异明显体现在装备上。前线步兵装备齐全，其他部队的装备逐渐减少，后方的轻步兵只配有投石器和短标枪。军队由军团将官指挥，每支骑兵中队（由 30 个骑兵组成的队伍）由中队的其中一名十人长（decurion）指挥。

因此，罗马军队排列成密集的方阵，非常笨重，不够灵活机动。相传，弗里乌斯·卡米路斯解决了这一问题，他建立了中队军团，这种进一步细分的灵活阵型能够有效应敌作战。罗马不得不应对越来越多的军事冲突。新阵形的基本单位是中队（manipulus），第一排和第二排每个中队 120 人，第三排每个中队 60 人。在战场上，呈三排部署的中队通常呈棋盘状交错排列。前两排的士兵持有新式武器——标枪（pilum），其他士兵仍使用长矛。轻步兵和骑兵保持不变。

军团的兵力取决于前线战事的程度。最初仅有两个军团，在第二次萨莫奈战争中增加到 4 个，在第二次布匿战争中增加到 25 个。征兵的最低收入标准逐渐降低，被征服者组成的辅助部队也开始投入作战。然而，随着罗马开始雄心勃勃的扩张计划，这种军事组织越来越不能满足罗马的实际需要。公元前 2 世纪下半叶，服役时间延长到 6 年，带来了严重的社会问题，尤其是对于那些处于军团基层的士兵（如自耕农）而言。盖乌斯·马略发起了一场伟大改革，将士兵转变为一种职业。于是，基于财产状况的征兵制消失了，所有罗马公民都可以参军，很多军团士兵自愿服役多年。

战术也发生了重大变化，马略采取大队（cohort）这一作战单位，由三个中队组成，共有 500—600 人。所有士兵的装备和武器相同，骑兵的数量进一步减少。由此，大队成为灵活且易于指挥的基本单位，在军队以棋盘阵形部署成两到三列时，也能独立作战。

奥古斯都统治时期，军队开始大规模重组，不仅包括军团，还涉及整个军事组织。直至戴克里先时期，重组后的基本构架几乎没有改变过。每个军团有 5000—6000 名士兵，由一名军团副将指挥。军团的数量也没有人们想象的那么多，同一时间部署的军团数量很少超过 30 个。步兵的入伍年龄在 17—25 岁。在奥古斯都统治下，军队服役期限为 16 年，后增至 20 年。然而，一些人在服役期满后仍选择待在军队，继续服役长达 40 年。

新兵须在百夫长的教导下进行四个月的艰苦训练。训练期间，年轻的士兵们学习如何以紧密的队形行进，他们要带着武器、盔甲、衣物、口粮等大约 30 千克的装备在 5 个小时内行进 36 千米。事实证明，罗马军队出色的机动性往往是其突然击败敌人的一个决定性因素。行军结束时，如有必要，军团还需要扎营过夜。

上图 这把珍贵的剑鞘是在马贡扎（Magonza）附近的莱茵河里发现的，其历史可以追溯到 1 世纪初。剑鞘上刻着提比略的肖像，可以推测此物属于某位高级军官。几个世纪以来，短剑（*gladius*）是罗马军队特有的肉搏武器。

下图 这幅在马贡扎发现的浮雕上，两个军团士兵正在战斗。前方一人左手握盾牌保护左肩，右手水平持剑，准备猛冲而非砍杀。这种攻击被认为是最有效和致命的。

　　接着，新兵们还要接受高强度的体能训练，学会使用不同的武器。他们还学习最有效的进攻和防守技巧，练习如何组成龟甲阵（*testudo*）。这一罗马军事阵形最为有名，士兵们用盾牌组成一个"乌龟"状的保护层，从上方和最易暴露的两侧保护阵队，即使在敌人猛烈的攻击下军队也能前进。训练结束后，士兵们开始正式的军营生活。尽管行军和模拟战斗并不很频繁，休闲时间仍然很宝贵，因为士兵们还需要执行各种任务，如军营维修和警卫执勤。如果军团驻扎在新近征服的领地上，士兵们就要修建公路、桥梁和渡槽，甚至建立新的城镇。图拉真纪功柱上的浮雕中，几队工兵在多瑙河上组装浮桥，还有一些军团士兵在为新营地搭建防御工事。

　　道路发挥着关键的作用，能够帮助罗马人迅速平定和控制最新征服的领土，并使其罗马化。罗马的道路网络覆盖广泛，即使是在最偏远的地区也非常高效，这也是罗马文明的显著特征之一。有时，士兵还需要执行治安或巡逻任务。无论如何，他们作为职业军人，在整个军事生涯中不断接受各种训练。历史学家弗拉维乌斯·约瑟夫斯曾多次称赞罗马的军事组织，强调其严明的纪律和士兵们服从命令的速度。

　　那时经常举行大规模的军事演习，尤其是在帝国放缓扩张速度的时候，因此，驻

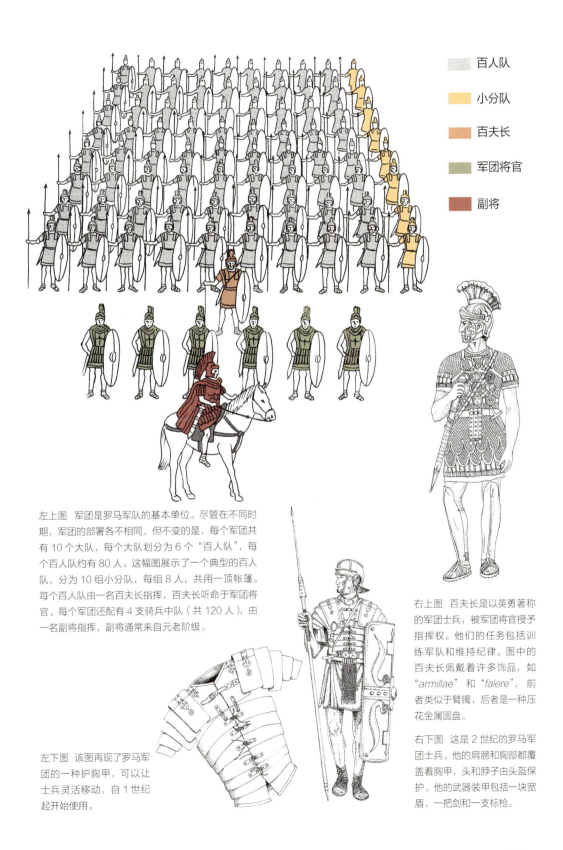

百人队
小分队
百夫长
军团将官
副将

左上图 军团是罗马军队的基本单位。尽管在不同时期，军团的部署各不相同，但不变的是，每个军团共有 10 个大队，每个大队划分为 6 个 "百人队"，每个百人队约有 80 人。这幅图展示了一个典型的百人队，分为 10 组小分队，每组 8 人，共用一顶帐篷。每个百人队由一名百夫长指挥，百夫长听命于军团将官。每个军团还配有 4 支骑兵中队（共 120 人），由一名副将指挥，副将通常来自元老阶级。

右上图 百夫长是以英勇著称的军团士兵，被军团将官授予指挥权。他们的任务包括训练军队和维持纪律。图中的百夫长佩戴着许多饰品，如 "armillae" 和 "falere"，前者类似于臂镯，后者是一种压花金属圆盘。

左下图 该图再现了罗马军团的一种护胸甲，可以让士兵灵活移动，自 1 世纪起开始使用。

右下图 这是 2 世纪的罗马军团士兵。他的肩膀和胸部都覆盖着胸甲，头和脖子由头盔保护。他的武器装甲包括一块宽盾，一把剑和一支标枪。

扎在边境的军队一直保持着高水平的训练。如果时间充裕的话，指挥官会在上战场前迅速检查士兵的作战能力。战斗时，尤其是在围攻战的时候，罗马军队使用了各种各样的重型装备，如棚堡（vineae，又译接近车、盾车，一种移动式护栅，用来保护逼近城墙的士兵），以及各种类型的投石器和弩炮（ballistae）。弩炮是一种类似于大型十字弓的远程精密武器，一些马拉的重型武器可以将炮弹投射到 500 米之外。

正如前文所提到的，罗马军团通常有辅助军支援，辅助军无须履行和军团兵相同的职责，而是执行一些灵活多样的任务。他们的人数很多，达到甚至超过了军团步兵的数量。辅助军有步兵（coortes）也有骑兵（alae），大约有 500—1000 兵力。辅助军

罗马军队拥有各式各样的远程火炮，在围攻战中效果奇佳。图中的发射器叫作蝎子炮（scorpio），可以发射标枪。除此之外还有各种投石器；威力最大的弩炮可以将 50 千克的炮弹投掷 400 米远，具有毁灭性的破坏力。

左上图　对于获得决定性胜利的将军来说，凯旋式是他们所能得到的最高荣誉。正如这幅浅浮雕所展示的那样，凯旋者头戴月桂花环，驾着四马战车穿过罗马的街道，人们在两旁夹道欢呼。他的身后跟着战利品，包括敌人的武器和戴着镣铐的囚犯。

左中图　罗马发展海军力量始于第一次布匿战争，当时，迦太基人善于航海，于是罗马人意识到他们需要一支能够打败迦太基人的舰队。他们以一艘缴获的敌舰为模型，很快就建造出大量船只，并于公元前 260 年在米拉赢得了第一次海战胜利。罗马战舰的一个典型特征是船喙（rostra），这是一种覆盖着厚青铜板的尖头梁，从船首伸出水面；这一致命武器用于攻击敌舰，可以将敌人的船板撞出巨大的裂口。战斗中缴获的船喙被视为珍贵的战利品，陈列在广场的讲坛上，讲坛也因此命名为"rostra"。

跨页图　罗马人的作战策略在围攻战中非常有效。尤利乌斯·恺撒通过围攻阿莱西亚，最终征服高卢。阿莱西亚是一座要塞城市，高卢领袖维钦托利率 8 万人在此避难。恺撒带领 10 个军团首先用长栅栏包围要塞，栅栏前还设置了壕沟和尖木桩，然后又在外围修筑了一圈木栅栏，以保护军队免受卡西维尔劳努斯率领的 25 万名战士的进攻。尽管罗马人两面作战，但他们还是击退了进攻，屠杀了大批敌人，迫使维钦托利因饥饿而投降。

的服役期为 25 年，工资比罗马士兵低，但在退伍时可以获得罗马公民的身份。辅助军以其特殊的称呼和别称区别于其他部队，他们的武器和装备往往具有所属部队的特征。一些著名的辅助军团有努米底亚的骑兵、巴利阿里群岛的投石手和克里特岛的弓箭手。反常的是，直到布匿战争时，罗马人仍不擅长航海。甚至在公元前 67 年庞培改革海军后，罗马的船只还是照搬希腊的样式。除了一种叫作"乌鸦"（corvus）的装置是原创的，这是一种带有铁抓钩的吊桥，可以降落在敌方战舰的甲板上，以便士兵登船。"乌鸦"在迦太基战争中发挥了极大作用，但也会导致船只难以控制，后被罗马人摒弃。在那时，罗马已经取得海洋和陆地的绝对霸权。

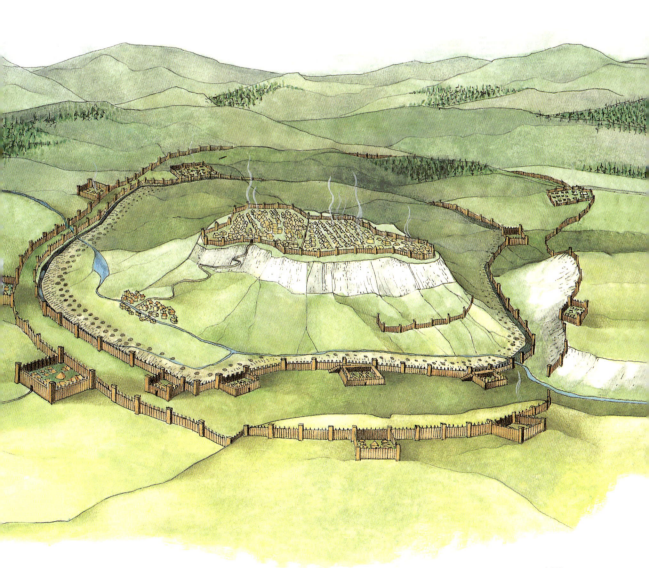

这枚银币可以追溯到公元前 1 世纪，刻的是朱庇特驾驶着四马战车；从共和时代起，硬币就已成为罗马货币体系的基础。

下图 弗拉维圆形剧场，也就是斗兽场，由弗拉维家族建于帕拉丁山、凯里安山（Caelian Hill）和埃斯奎林山（Esquiline Hill）的洼地处，原址曾是尼禄金宫的湖泊。

罗马城：辉煌的世界之都

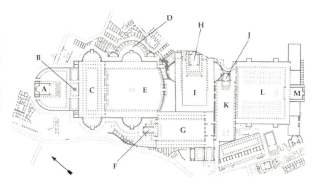

上页图 这幅鸟瞰图展现了奥古斯都广场和涅尔瓦广场的遗迹。它们均为帝国广场建筑群的一部分。这两座广场被建在罗马广场附近，为的是开辟更大、更为合理的纪念性空间，不仅能够举办皇家仪式，更重要的是能够便利公共生活。罗马人在广场上做生意、讨论政治、举行宗教仪式和经营集市。

帝国广场 ——————

A 图拉真神庙
B 图拉真纪功柱
C 乌尔比亚巴西利卡
D 图拉真市场
E 图拉真广场
F 母神维纳斯神庙
G 恺撒广场

H 复仇者马尔斯神庙
I 奥古斯都广场
J 密涅瓦神庙
K 涅尔瓦广场／过渡广场
L 韦斯帕芗广场／和平广场
M 和平祭坛

图拉真广场是罗马的最后一座广场，用达契亚战争缴获的战利品建成。在建筑设计和用材上，这是最为宏伟壮丽的广场。图拉真广场由大马士革建筑师阿波罗多罗斯设计，他引入了许多新颖的建筑形式，比如，横置在建筑群中的乌尔比亚巴西利卡，以及拥有六层商铺的半圆形图拉真市场。

修建图拉真广场需要将奎里纳尔山（Quirinal Hill）切开，其高度相当于一根螺旋柱。大马士革的阿波罗多罗斯在挖掘出的区域建起图拉真市场，作为后方山丘的挡土墙。该建筑群中保存最完好的部分是比贝拉提卡大道。

　　在古代，罗马的面貌和现在大不相同。陡峭的高丘四周环绕着深深的峡谷和不可逾越的山谷；植被茂密，有着几百年历史的树木覆盖着山坡和郊区，其间还点缀着牧场、粮田、菜园和葡萄园。流经山谷的无数条溪流变成了沼泽，形成池塘和小湖泊。村庄坐落于山顶，据此可以区分出该地区的不同部落。在王政时代，罗马人口稠密，已是地中海西部最大的城市之一。在许多早期的用黏土和稻草建成的棚屋旁，人们开始建造带有瓦片屋顶和庭院的砖石房屋，类似于同时代伊特鲁里亚人的房屋。贵族的住宅建在山顶上，常常耸立着高塔。根据留存下来的遗迹，王室府邸的布局也是如此，比如安库斯·马尔西乌斯、塔克文·普利斯库斯和高傲者塔克文的宅邸（都建在维利亚山［Velia］），以及塞尔维乌斯·图利乌斯的宅邸（建在俄庇安山丘上）。

在这一时期，罗马城的纪念性建筑显然不多。郊区广袤开阔，分布着墓地和阅兵场（用于士兵集合和军事演习），还有大片的黏土提取区和砖窑，附近坐落着贾尼科洛山（Janiculum）的要塞城镇。巨大的防御墙矗立在山脊上，沿着一条约 11 千米的路线蜿蜒而下，包围了近 400 公顷的土地。从古时起，城市中心的广场布局就颇为合理，第一批公共建筑在广场上相继建立起来。卡皮托林山上巨大的朱庇特神庙坐落在城市中心，这座神庙由高傲者塔克文开始建造，他推动了大竞技场（用于马车比赛）的第一次重建。然而，大部分纪念性建筑的布局都是塞尔维乌斯·图利乌斯规划的。为方便管理，城市被划为四个区域。人们在屠牛广场修建起台伯河港，推动了贸易的繁荣发展。福尔图那和马图塔（Mater Matuta）神庙就建在附近。阿文丁山上的狄安娜神庙，即拉丁同盟的圣庙，被认为是塞尔维乌斯·图利乌斯修建的；更早以前，安库斯·马尔西乌斯在台伯河上修筑了第一条较为稳固的桥梁——苏布里齐桥。塔克文·普利斯库斯巧妙地将水流引入大下水道（Cloaca Maxima），开拓了山谷低地。

共和时期，之前修建的工程陆续完工，同时也修建完成了新的工程，这些完工的建筑包括卡皮托林山上的朱庇特神庙，广场上的农神庙与卡斯托尔和波吕克斯神庙，阿文丁山坡上的克瑞斯、利贝尔和利贝拉神庙（Temples of Ceres, Liber and Libera），奎里纳尔山上的桑库斯神庙（Temple of Semus Sancus）和其他小型庙宇。公元前 5 世纪初和之后的很长一段时间里，罗马与拉丁人、伊特鲁里亚人和沃尔西人进行了一系列战争，使得工程量大大减少。公元前 390 年，高卢人在阿利亚河击败罗马人，遂进入罗马城烧杀抢掠。后来，人们开始重建被摧毁的罗马城。然而，正如历史学家李维所叙述的那样，重建工作进行得如此之快，以至于没有引入任何城市规划，人们肆意占据土地。从此，本就复杂的城市布局变得更加难以规划。罗马不像其殖民地和新建立的城镇那样，有宽敞的街道和规则的布局，而越来越像“房屋的杂乱聚集地而非合理建造的城市”。几年后，也就是公元前 378 年，老城墙得到加固，防御能力也得到了提升。新的庙宇也建立起来，如阿尔克斯峰顶（Arx）的“警告者”朱诺神庙、奎里纳尔山上的萨卢斯神庙和奎里努斯神庙、帕拉丁山上的“胜利者”朱庇特神庙，等等。公元前 312 年，监察官阿庇乌斯·克劳狄修了第一条渡槽。公元前 291 年，医药之神阿斯克勒庇俄斯的神庙建于台伯岛上。消除了迦太基人的威胁后，罗马城开始了新的建设热潮，当时的罗马已被

这张鸟瞰图展示了奥古斯都广场以及复仇者马尔斯神庙的地基，后方是图拉真广场遗址，附近的市场挤满了几十家食品店，这里也偶尔是向市民免费发放食物的地方。

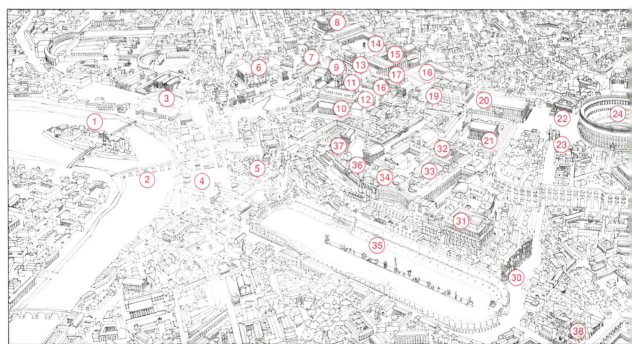

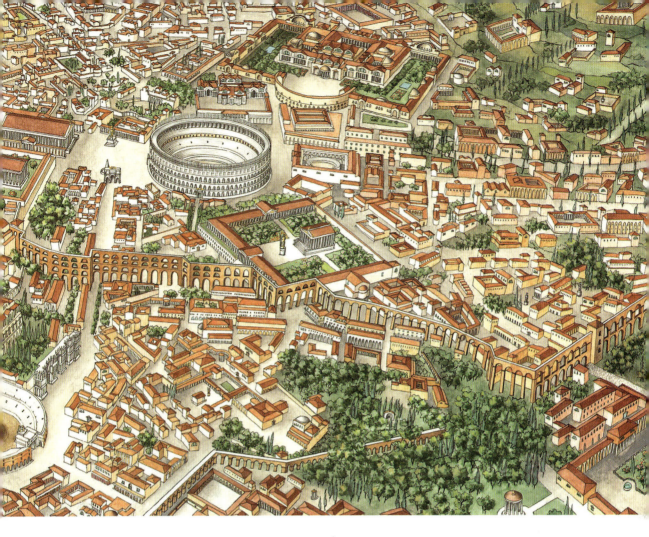

本跨页图　作为一个人口超百万的城市，罗马城在没有精确城市规划的情况下发展起来。帕拉丁山上宏伟的皇家宫殿、大型公共建筑和巨大的引水渠坐落在拥挤的城市中心。这就是 4 世纪中期的罗马，距君士坦丁获米尔维安桥战役胜利已过去一些年份，在此之后，罗马便进入了漫长的衰落期，这座伟大城市引以为傲的纪念性建筑也走向毁灭。

117

罗马广场

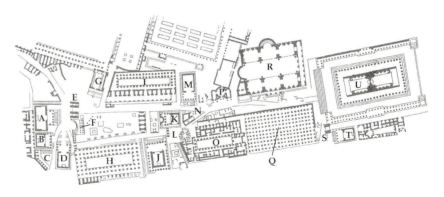

A 协和神庙

B 韦斯帕芗神庙

C 十二神柱廊

D 农神庙

E 塞普提米乌斯·塞维鲁凯旋门

F 讲坛

G 库里亚

H 尤利亚巴西利卡

I 埃米利亚巴西利卡

J 卡斯托尔和波吕克斯神庙

K 尤利乌斯神庙

L 维斯塔神庙

M 安东尼努斯和福斯蒂娜神庙

N 雷吉亚（Regia）

O 维斯塔贞女院

P 罗慕路斯神庙

Q 玛格利塔里亚柱廊

（Porticus Margaritaria）

R 马克森提乌斯（和君士坦

丁）巴西利卡/新巴西利卡

S 提图斯凯旋门

T "使者"朱庇特神庙

U 维纳斯和罗马神庙

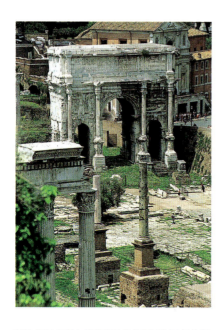

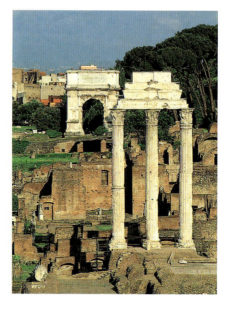

左图 罗马广场上的塞维鲁凯旋门是为了纪念皇帝在东方的胜仗，其上的浮雕详尽地描述了战争的各个阶段。

右图 在卡斯托尔和波吕克斯神庙（来自提比略时代）幸存的三根石柱后方，矗立着提图斯凯旋门。此门建于公元81年，是为了纪念韦斯帕芗的胜利和其子提图斯征服犹太人。

跨页图 几个世纪以来，罗马广场一直是城市公共生活的中心。图中，农神庙的石柱在左侧，安东尼努斯和福斯蒂娜神庙在中央，卡斯托尔和波吕克斯神庙在右侧。

罗马广场最有趣的遗迹之一是维斯塔贞女院，即女祭司们的住所。她们负责守护家庭女神维斯塔的圣火。这些圣火在附近的圆形神庙中燃烧。

308 年，罗马最后一座也是最宏伟的巴西利卡由马克森提乌斯开始建造。君士坦丁完成了该工程，并在北侧的半圆形后殿添造了一尊自己的巨大木石雕像。

下图 这张图展现了宏伟的马克森提乌斯和君士坦丁巴西利卡：长 100 米，宽 76 米，中殿顶端高达 53 米，两侧耳堂略低于 25 米。

下一跨页图 这就是 4 世纪的马克森提乌斯（和君士坦丁）巴西利卡。建筑内部覆盖着红色和绿色的斑岩，其中镶嵌着珍贵的大理石，华丽的拱顶装饰着彩色石膏。君士坦丁的雕像位于半圆形后殿。

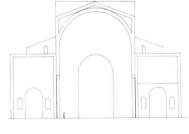

分为四个区：科里纳区（*Collina*）、埃斯奎里纳区（*Esquilina*）、苏布拉纳区（*Suburana*）和帕拉丁纳区（*Palatina*）。台伯河上的商业建筑得到修缮。新的建筑有货运码头的市场、巨大的埃米利亚柱廊（*Porticus Aemilia*，其壮观的遗迹仍可以在泰斯塔乔[*Testaccio*]平原上看到），以及第一座砖石结构的栈房（*horrea*）。罗马人在阅兵场上建立起弗拉米尼安竞技场，附近的银塔广场矗立着最古老的两座神庙。公元前 184 年—前 170 年，波尔基乌斯·加图、埃米利乌斯·雷必达和塞姆普罗尼乌斯·格拉古三人建立起一种叫作巴西利卡的希腊式大型建筑（分别以三人名字命名，即波尔基亚、埃米利亚和塞姆普罗尼亚），为人们讨论法律诉讼和进行商业交易提供了合适的场所，而在此之前，这些活

跨页图与本页图　据罗马历史学家老普林尼记载，提图斯的宫殿里装饰着著名的拉奥孔大理石群雕。现在可以肯定的是，这是一件希腊风格的作品，由雕塑家阿格桑德罗斯、波利多罗斯和阿典诺多罗斯创作。最初，该雕像可能置于珀加蒙的一座纪念性建筑里，在阿塔罗斯王国成为罗马行省后被引入罗马。这座伟大的人物群雕描绘了特洛伊祭司受到雅典娜惩罚的神话故事，被老普林尼誉为杰作，同时也表明，自公元前 2 世纪起，希腊雕塑在罗马广泛流传。帝国时代，希腊雕塑的复制品广受欢迎，许多希腊雕塑家也因此移居到罗马。

动均在户外广场进行。出于同样的目的，人们在城市的各个地方建起许多柱廊。埃米利乌斯为台伯河上的第一座石桥（位于台伯岛的下游方向）架起石墩；几年后，人们将石墩与承拱连接起来，从而开创了一种新的建筑形式。后来，人们发明了混凝土块填心的毛石砌体，这是一种石块和灰浆的混合物，可以承受更加大胆的建筑设计。于是，这种建筑形式被用来建造渡槽和郊区街道。在这一时期，罗马和希腊殖民地产生了联系，并从殖民地进口了很多雕塑，开启了复刻希腊原件的潮流，希腊雕塑也因此广为流传。即使是最富有的罗马人的住宅也相当朴素，穷人的房屋就更小且拥挤了，仅仅是木材和砖石搭成的栅格结构。人们的生活方式很简朴，很少有奴隶，家庭生活也很简单。宗教领

左图 卡拉卡拉浴场的众多艺术品里，最杰出的是著名的《法尔内塞公牛》大理石群雕。这是一件安东尼时代的希腊雕塑复制品，由特拉雷斯的阿波罗尼乌斯创作。雕塑描绘了泽图斯和安菲翁将狄耳刻绑在公牛上为其母安提俄珀复仇的神话。

下页图 这尊名为《垂死的高卢人》的雕像是一件复制品。原件由青铜铸造，属于供奉珀加蒙国王阿塔罗斯一世的祭祀组织。希腊文化带来的碰撞对罗马艺术的诞生至关重要；然而，这件雕像漫长的创作过程一开始，保守派贵族就发表了不少道德偏见。

域，人们在家庭祭坛上向拉列斯献祭。家神的蜡像被小心翼翼地保存着，陈列在葬礼和更为庄重的家庭仪式上。渐渐地，人们开始公开崇拜谷神克瑞斯、卡斯托尔和波吕克斯（朱庇特的双胞胎儿子，据说曾在罗马城旁的莱吉鲁斯湖战斗），赫拉克勒斯、阿斯克勒庇俄斯等众神。希腊神和罗马神开始相互对应，尽管罗马人继续崇拜他们传统的神灵，并对可能破坏其权力体系的宗教持怀疑态度。最重要的仪式有凯旋式，为国家开疆拓土做出重大贡献的人将会获得此项荣誉。在未来的几个世纪里，扩大疆域对罗马来说会越来越重要。胜仗归来的将军驾着一辆四匹白马拉的战车，朝着朱庇特神庙驶去。作为神的化身，他身着紫袍，头戴桂冠，右手执一根老鹰权杖。列队由行政官和元老开启，后面跟着战利品，包括武器、徽章、艺术品、宝物和珍禽异兽。接着是献祭的牺牲者、手执束棒的扈从和打了胜仗的老兵。老兵们唱着歌，对指挥官开着下流的玩笑。游行的一个重要部分是由囚犯和敌人首领组成的队伍，他们穿着自己民族的服饰，戴着锁链，跟随在凯旋的战车之后。战争中的重要事件通常被记录在游行队伍中的大木板上，如被征服城镇和人口的名单、击杀敌人的数量和俘虏的人数。文学作品尽管不多，但在一定程

度上与军功荣耀相关。人们常常在宴会上吟唱庆祝祖先丰功伟绩的歌曲。戏剧表演的腔调较为通俗，大多起源于乡村。在当时，政治家必须是经验丰富的演说家，能够在元老院发表演讲，获得群众的支持。出于这一实际原因，统治阶级往往会培养自己的雄辩技巧。布匿战争时期，罗马的社会和文化生活发生了根本性的变化。罗马吞并了意大利南部的希腊城镇，在地中海地区与希腊广泛接触，刺激了罗马文化的转变。事实证明，希腊文化（亚历山大大帝统治时期，希腊人孕育的文学和艺术文明）非常适合输入罗马。所有符合统治阶级意识形态的东西都被罗马人立刻吸收了。因此，口头文学、早期神圣或是通俗的体裁逐渐被史诗、悲剧、喜剧和历史所取代。希腊塔林敦人李维乌斯·安德罗尼库斯被罗马人俘虏，变成奴隶，为正在开拓地中海的罗马人带来了《奥德赛》的拉丁译本。坎帕尼亚人格涅乌斯·奈维乌斯曾作为士兵参与布匿战争，他作了一首关于这场战争的诗歌。法比乌斯·皮克托尔和辛西乌斯·阿利门图斯用希腊语撰写历史著作。在那时，许多罗马人都会希腊语。通过模仿希腊文明，罗马诗人和历史学家开始创作拉丁文学，描述了罗马对外扩张的各个主要阶段。从宗教角度看，罗马人对不同信仰保持宽容和接纳，和对文学的态度是一样的。比如，公元前 204 年，对弗里吉亚神明西布利的崇拜在罗马被接纳，而为纪念巴克斯举办的酒神节仪式却遭到了公开反对。来自不同阶级的行家于秘密组织中会面，这种教派跨域了社会壁垒，不抱任何政治目的，却被元老院认为是对现有秩序的威胁。由此，公元前 186 年颁布的一条法令禁止人们参加此类

本页图与上页图 这尊精美的青铜雕像《休息的拳击者》一直被认为是阿波罗尼乌斯创作的，他是移居罗马的众多希腊艺术家之一。尽管这一假设被推翻了，但毫无疑问的是，这尊雕像是用来装饰罗马建筑的，可能是浴场的一部分。上页的图片再现了拳击手套的细节，这是一种用铅加固的皮带做的手套。

下一跨页图 斗兽场是古罗马最宏伟的建筑，一直以来都被认为是罗马永恒的象征。中世纪时，它变成了建筑材料采石场。斗兽场能够保存至今，要归功于教皇本尼狄克十四世，他在 18 世纪中叶时下令禁止抢掠破坏斗兽场，并宣布斗兽场是神圣的，因为他误以为这座建筑浸染了基督教殉道者的血。

跨页图 君士坦丁凯旋门于 315 年落成，用于纪念君士坦丁在米尔维安桥战役中大败马克森提乌斯。这座 25 米高的建筑有三个拱门，独自矗立在斗兽场旁。凯旋门的许多饰带、雕像和圆形浮雕都取自图拉真、哈德良和马可·奥勒留时期的建筑。尤其是在顶层，哈德良皇帝的头被替换成君士坦丁的。专为这座凯旋门打造的浮雕并不多，根据其潦草的做工、较低的可塑性和缺乏透视的特点，很容易就能辨认出来。

为了避免被比提尼亚国王交给罗马人，汉尼拔自杀身亡。到公元前2世纪下半叶时，罗马开始呈现出一幅恢宏的景象。柱廊、横梁和阁楼的引入改变了罗马的建筑风格，长廊的增加使阁楼更加通风。半圆拱取代平顶，开始用于凯旋门的建造。许多希腊工匠在罗马工作，他们受人委托仿制著名雕像，以装饰私宅和公共建筑。同时，肖像画也被引入罗马。这种艺术形式自一开始就表现得非常新颖；画中的人物并未被美化，反而十分逼真写实。有时，画师会毫不留情地描绘出人们的身体特征。同一时期，一种新的文学体裁开始流行起来，即讽刺文学，体现了新旧世界之间的强烈反差。讽刺文学的开创者是卢基里乌斯，从遗留的史料来看，他似乎是那个时代忠实的历史记录者。公元前2世纪中期开始的建筑热潮一直持续到苏拉时代，且发展愈加蓬勃。大理石被首次用于建造神庙，也部分用于贵族住宅，其墙壁涂有彩绘。这一时期的典型建筑是国家档案馆（*Tabularium*），建于公元前78年，坐落在阿尔克斯和卡皮托林之间的山谷里。恺撒和庞培的对立不仅影响了该时期的政治生活，还波及建筑业。庞培想把自己的名字留在主要公共建筑上，以获得民众的支持。因此，公元前55年，庞培在阅兵场上建立了第一座砖石剧场，剧场周围环绕着雄伟的柱廊，装饰着希腊艺术品。剧场舞台附近有一个房间，用作库里亚，是元老院开会的地方；公元前44年3月15日，恺撒正是在此地被谋杀，这位伟大军事领袖计划的庞大建筑工程就此终止。恺撒曾展现出城镇规划方面的天赋，他依照希腊标准修建了第二座广场，并在广场中央竖立起母神维纳斯神庙（尤利乌斯家族的守护神）。与此同时，他开始大规模修缮共和国广场；修建新的尤利亚巴西利卡，以取代陈旧的塞姆普罗尼亚巴西利卡。恺撒没能完成的工程包括一座砖石剧院，奥古斯都终止了该工程，并将这座剧院献给他的女婿马塞鲁斯。据说，恺撒还起草了一份城市总体规划，主要目的是改变台伯河的流向，使其沿着梵蒂冈山流淌。这样可以将特拉斯提弗列区和阅兵场连接起来，并将后者用于修造私人建筑。恺撒个性超凡，不但是精明的政治家，还是才华横溢的作家。他以清晰准确的文字记录下自己的战功，他征服的土地，还为这段对罗马社会和政治生活至关重要的时期留下了重要的历史证据。在这个充满大变革和大反差的时代，罗马社会力图形成

跨页图 相传，罗慕路斯在帕拉丁山上建立了罗马，后世的皇帝们均在此山建造他们的宫殿。图片前景中的是奥古斯都宫，中央纵长的建筑是帕拉丁山的图密善竞技场，为比赛和节日庆典而建。

图拉真纪功柱上的饰带大约包括 2500 个人物，图拉真本人出现了约 60 次。战争场面与非暴力活动、祭神活动交替出现，以确保军事行动的成功。

下页图 饰带上不同片段排列的顺序，及其丰富的工艺和地理细节，具有明显的教育和纪念意义。这座纪念碑曾是彩色的。

稳定的局面，为公民提供了和谐安宁的环境。拉丁语在西方传播的时候，统治阶级的后代们正在学习希腊语。西塞罗将雄辩术推向了巅峰，萨卢斯特和恺撒成就了史学的辉煌。诗歌反映了那个时代人们的精神追求；以前，诗歌主要用于歌颂国家，而现在，人们写诗是为了寻求真理和内心的平静（正如卢克莱修的诗中所写），或是受到卡图卢斯所描述的友情和女性化的爱情的启发。

然而，社会差距十分明显。贵族们住在帕拉丁山上或其他住宅区的舒适房屋里，而普通人只能挤在又高又窄的房屋里，卫生状况堪忧。富人们的别墅坐落于乡间和海边，从第勒尼安海岸一直延伸至那不勒斯。出身高贵的女性享受着古老时期所未曾有过的自由和威望，富裕家族之间的联姻也越来越频繁。无产阶级则通过参加公共娱乐活动来慰藉自己，尤其是角斗和狩猎比赛，既有野兽之间的搏斗，也有野兽与角斗士的搏斗。恺

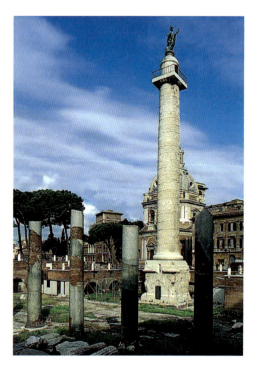

撒的城市规划并没有得到继任者的实施，可能是因其改变过于彻底。造价过于昂贵。奥古斯都更为保守，他倾向于不做任何大的改变，只进行修缮工作，重组公共设施。奥古斯都还废除了罗马城的四个区域，由于城市面积的大幅增长，该分法已经过时了。公元前 7 年，他发起改革，将罗马划分为 14 个区，每个区都有一定数量的街区（vici）。8 个区在旧城墙内，6 个区在城墙外。其中，第十四区位于台伯河右岸。这种划分方法一直持续到帝国后期。

纪功柱上原本是一尊图拉真的雕像，如今是圣彼得雕像，于 1587 年放置；10 米高的方形基座上覆盖着饰带，里面是皇帝的陵墓。

134

左图 万神殿是一座供奉尤利乌斯家族众守护神的神庙。公元前 27 年，奥古斯都的女婿阿格里帕慷慨资助了万神殿的修建。被大火摧毁后，哈德良下令重建神殿，其外观维持至今。

跨页图 万神殿是保存最完好的罗马建筑，也是世界建筑史上最伟大的成就之一。其穹顶直径 43.3 米，是迄今为止最大的没有钢筋混凝土的圆顶。

下页左下图和右下图 万神殿巨大的穹顶代表着繁星点点的天空，中央 9 米宽的大圆洞象征着太阳，照亮室内。这一特殊结构的厚度最薄可达 1.5 米。

奥古斯都时期，罗马大约有 263 个区。每个区都有一位神祇保护，神的雕像竖立在主要的交叉路口，由 2 名高级行政官和选举出的 24 位公民（基层官员）管理。住宅的类型各不相同，既有高级宅院，也有下层阶级居住的多层公寓。为了提高人们的生活质量，奥古斯都建造了许多喷泉和市场，在城市的中心区域安装夜间照明设施，并且成立警备队和城市护卫军（Urbaniciani），为居民提供服务。他还特别关注公共设施，清理了台伯河河床，修缮了阿庇亚渡槽、玛西亚渡槽、老阿尼奥渡槽和特普拉渡槽，并新建了三条渡槽（尤利亚、维尔京［Virgin］和阿尔西廷［Alsietine］渡槽）。奥古斯都在罗马广场建起库里亚、尤利亚巴西利卡和演讲台，翻新了各大神庙，如卡斯托尔和波吕克斯神庙、维斯塔神庙、维斯塔贞女院和雷吉亚（大祭司的公署）。他还建了尤利乌斯神庙，在帕拉丁山上建造了自己的住宅，在附近建了一座供奉维斯塔女神的神庙和一座供奉阿波罗神的神庙，并为其配备了两间藏书室。他在恺撒广场的对面为自己建了一座装饰华丽、规模宏大的广场，广场中心坐落着巨大的复仇者马尔斯神庙。同样值得注意的是，奥古斯都在阅兵场上开垦了大片土地，修造了自己的陵墓、和平祭坛和一座日晷。在这片土地上，他的女婿兼忠实的帮手阿格里帕兴建了万神殿、浴场、涅普顿巴西利卡，以及森都里亚大会期间用于集合民众的投票区（saepta）。最终，马塞鲁斯剧场竣工了，台伯河上又架起了一座新桥。与此同时，平西安山（Pincian）、帕拉

下一跨页图 这张修复图大致展现了万神殿在罗马帝国城市景观衬托下的样子。图片前景中，图拉真凯旋门矗立在万神殿前宽阔的柱廊广场上；右边的角落里可以看到尼禄浴场的屋顶。万神殿后方是哈德良重建的涅普顿巴西利卡，可以看到耳堂的一部分横截面。左上方是密涅瓦神庙，位于尤利亚广场的中央，这片巨大的柱廊广场原本用于选举，后来成为艺术品市场。

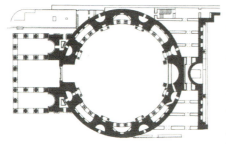

上图 万神殿由一个圆柱形建筑构成，入口门廊由 16 根科林斯式圆柱支撑，形成一个中殿和两个侧室。中殿尽头是一扇大门，至今仍在正常使用。侧室尽头是两个壁龛，那里摆放着奥古斯都和阿格里帕的雕像。殿内的墙壁上有 7 座壁龛，起初供奉着众神的雕像；壁龛之间有 8 个 6 米厚的墙墩，均匀地支撑起穹顶的重量。墙墩内设有检查井，用于减轻结构的重量。

下图 万神殿内部，圆厅的高度与直径相等（约为 43 米），所以圆厅是一个完美的半球。5 排花格镶板减轻了圆顶的重量，圆顶的体积超过 5400 立方米。整个结构由火山灰泥浇筑，砖块贴面，与水平排列的凝灰砖块相互交替。越往上材料越轻。

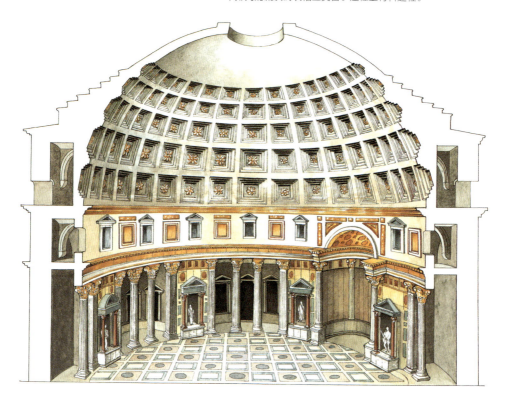

丁山、埃斯奎林山和特拉斯提弗列山上建起了许多贵族别墅。在奥古斯都的统治下，文学创作达到了巅峰。梅塞纳斯家境富裕，教养良好，他把维吉尔、贺拉斯和普罗佩提乌斯等作家引荐给皇帝。在民族史诗《埃涅阿斯纪》中，维吉尔颂扬了罗马的传奇起源，以及罗马城和奥古斯都的伟大。贺拉斯在他的《世纪之歌》中赞美了永恒的罗马帝国，而普罗佩提乌斯和提布鲁斯的挽歌则更多涉及个人话题。其他文人有描写世俗爱情的奥维德、用 142 卷《罗马史》论证罗马杰出历史地位的李维，以及写下内容详尽、价值极高的建筑学著作的维特鲁威。提比略（奥古斯都的继任者）统治期间，没有修筑任何大型的公共建筑。仅有的大型工程是他在帕拉丁山上的住宅，即提比略

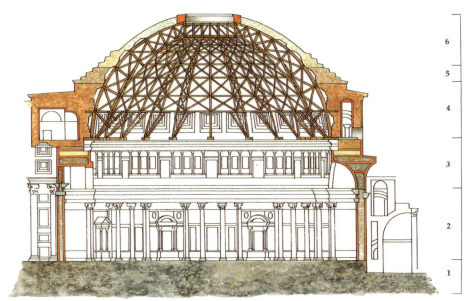

上图 这幅图展示了万神殿使用的 6 种混凝土。地基厚约 4.5 米，由石灰华屑混凝土铺成（1）；圆厅的墙壁（从地面到第一个檐口）由含凝灰和石灰华屑的混凝土砌成（2）；用凝灰岩块、砖块和混凝土砌的圬工一直延续到起拱线（3）；圆顶的第一环由碎砖块混凝土搭建（4）；第二环由更轻的凝灰和碎砖块混凝土所制（5）；小圆顶采用混合了浮石与凝灰岩砖块的混凝土。圆顶浇筑在一个特殊的自承木架上，上面安置着固定在砖石柱体上的镶板。

下图 这张横截面展现了该圆形神庙的建造技术。墙壁内部是水平排列的砖块，砖块之间浇筑混凝土，构成墙壁的核心。壁龛上方，巨大的载重拱和平拱支撑在角隅石上，将砖石的重量转移到石柱上，防止横梁断裂。圆顶的第一环从拱墩开始，高 12 米，巨大的砖拱嵌入混凝土，减轻了推力，分担了 8 个墙墩支撑小圆顶的重量。类似的拱顶在鼓形座的外层砖石结构中也可以看到。

府邸，由卡利古拉完工，还有在近卫军长官赛扬努斯的建议下修建的近卫军营。卡利古拉在梵蒂冈的阿格里庇娜花园建起一座竞技场，为了装饰这座竞技场，他命人在埃及打造了一块方尖碑，后来被尼禄置于竞技场内的矮墙处。克劳狄架起了两条新渡槽，分别为克劳狄渡槽和新阿尼奥渡槽，并在台伯河口开辟奥斯提亚港口，保证了一个多世纪以来罗马城的所有物资供应。尼禄在位期间，罗马遭遇了一场长达九天的大火，他也因此臭名昭著。奥古斯都划分的十四个区中有三个被完全烧毁，七个区受到严重影响。埃斯奎林山和俄庇安山，以及阿文丁山、凯里安山、维利亚山三地的部分区域，其中包括雷吉亚、维斯塔贞女院和其他一些纪念性建筑都受到了严重损坏。古罗马的

上图 伟大的奥古斯都陵墓在后来成了朱里亚·克劳狄王朝和弗拉维王朝皇帝的坟墓，如今是一座直径 87 米的圆形建筑。原本其建筑顶部有一个小丘，种着柏树。小丘的中央有一个圆柱形建筑，顶部是奥古斯都的镀金雕像。

跨页图 几个世纪后，哈德良为自己和后代皇帝修建的伟大陵墓被改造为如今的圣天使堡。原本其圆柱形建筑主体的顶部是一座土堆，种着柏树，还筑有一座高台建筑，上面立着雕像群或者一辆青铜四马双轮战车。

许多珍贵文物永远地消失了，成千上万的居民无家可归。为了重建罗马城，尼禄制定了一项复杂且宏大的计划。房屋的高度受到限制，隔断墙被禁止使用，建筑物前方须有柱廊保护。实际上，尼禄对这些规定并不感兴趣（图拉真统治时，罗马的大片区域仍无人居住），他把所有注意力放在"金宫"上，企图建造一座无比奢华与辉煌的新宫殿。"金宫"占据了整座帕拉丁山，以及凯里安山和俄庇安山的大部分地区，法古塔尔山（Fagutal）、卡里奈地区（Carinae）和维利亚山三地的大部分地区，还有共和广场的部分地区。尼禄浴场是唯一一座由他建造的公共建筑，位于万神殿附近的阅兵场。

在文学领域，奥古斯都时代特有的爱国和欢庆主题被人们抛弃了。其继任者未能达成当初建立帝国的广泛共识；显然，卡利古拉和尼禄倾向于宣扬

可追溯到塔克文时代的大竞技场曾多次重建，是罗马最大的娱乐建筑。图拉真时代，竞技场有 600 米长。尽管估值各不相同，但人们都认为它可以容纳 25 万名观众，在特殊情况下可达 32 万人。

曾经宏伟的埃米利乌斯桥只剩下一座单跨桥，俗称"断桥"（Ponte Rotto）。图片左侧的巨大桥墩上，可以清楚地看到一个小桥拱。在台伯河泛滥时，这一设计可以减小水流对桥体的压力。

个人崇拜。于是，知识分子们远离政治话题，通过自省寻求庇护，并且崇尚精神自由，远离公共生活。这一时期杰出的作家有塞内卡，他探究人类灵魂的价值，寻求智慧的宁静；还有"仲裁者"佩特罗尼乌斯，他在小说《萨蒂利卡》中嘲讽了当时的新贵，即过着奢侈生活却厚颜无耻、粗鄙不堪的自由人们，为我们描绘了一幅当时社会的写实画卷。正如提比略、克劳狄和尼禄的肖像画所展示的那样，奥古斯都时代被美化的肖像画再次变得高度写实。人们的生活也发生了改变。最受欢迎的娱乐活动依然是竞技场的角斗和马车比赛，但随着浴场的数量越来越多，洗浴也变得流行起来。正如历史学家苏埃托尼乌斯所说，罗马城"因为火灾和废墟而变得面目全非"，三位弗拉维王朝皇帝（韦斯帕芗、提图斯和图密善）肩负着重建这座城市的艰巨任

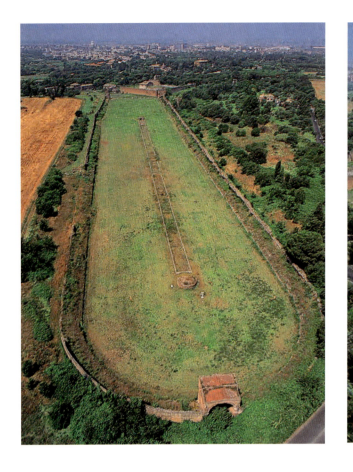

右图 马克森提乌斯竞技场长 512 米，于 309 年修建在城墙外，是罗马保存最完好的竞技场之一。

跨页图 塞西莉亚·梅特拉之墓（前三头之一克拉苏的儿媳）是阿庇安大道上最著名的墓地，这座坟墓可以追溯到共和时代末期，中世纪时被改造为堡垒。

务。许多区被完全重建，新建筑在各地耸立起来。最为彻底的重建工程发生在俄庇安山和帕拉丁山之间的山谷里。"金宫"里的一面湖泊被抽干了水，建起一座后来成为罗马象征的建筑物：弗拉维圆形剧场，也叫斗兽场。在完工前，这座巨大的建筑由提图斯在公元 80 年主持落成仪式。图密善统治时期，新建筑的修造和许多老旧建筑物的修缮同时进行。朱庇特神庙历经第五次重建，还新建了另一座供奉"守护神"朱庇特的神庙。帕拉丁山上的新宫殿竣工了。为了修造该宫殿，帕拉丁山的两座山峰凯马路斯（Cermalus）和帕拉蒂姆（Palatium）被夷平，它们之间的凹地也被填满。提比略府邸和阿波罗神庙得到了修复。罗马广场上竖立起了一座纪念韦斯帕芗和提图斯的神庙。为了纪念提图斯皇帝成功征服耶路撒冷，图密善在圣道建立了提图斯凯旋门。他修造的建筑还包括：阅兵场上的一座竞技场，附近的音乐厅，四组马车队的马厩，一片海战湖，以及柱廊（坐落在韦斯帕芗和提图斯庆祝犹太战争胜利的地方）。图密善还完成了广场区域的工程；卡皮托林山和奎里纳尔山之间的鞍部被挖除，过渡广场已然建成，俄庇安山上又建了一座新浴场。这是罗马城史上第一次有如此大规模还得到了

迅速实施的城市规划。弗拉维王朝统治期间，国家安定，社会繁荣，除了在公元79年，维苏威火山爆发给人们带来了深重的灾难，庞贝、斯塔比亚和赫库兰尼姆被夷为平地，著名的科学家兼博物学家老普林尼也因此丧生。各省的经济和社会发展促使罗马传统文化传遍整个帝国，因此，尽管罗马城持续吸引着各路知识分子们，但它已不再是唯一的文化中心。许多作家使用拉丁语以外的语言写作，如阿里安、喀罗尼亚的普卢塔克、阿庇安和写过犹太战争的弗拉维乌斯·约瑟夫斯。西班牙诗人马提亚尔在他的《隽语》中生动地描述了这一时期的生活。昆体良的出现让雄辩术重焕生机，尽管与共和国时代的辉煌相去甚远。图拉真完成了由图密善开启的工程，包括广场和浴场，并以自己的名字命名。他重新修复了卡皮托林山和奎里纳尔山的斜坡，建造了宏伟的乌尔比亚巴西利卡，并在后方的新广场上建立了一座拉丁文图书馆和希腊文图书馆，两馆相对而立。图书馆之间的空地上矗立着著名的图拉真纪功柱，上面雕刻着达契亚战争的过程。这座纪念碑不仅具有历史和文献价值，还极富艺术价值，代表着罗马最优秀的具象艺术。它的造型也是原创的，是少数历经（中世纪的）黑暗时代却完好无损的

左上图 图为圣塞巴斯蒂安门，单拱的两侧是锯齿状塔楼，构成奥勒良城墙的一部分。奥勒良城墙环绕罗马城，全长 19 千米。

左下图 公元前 312 年，监察官阿庇乌斯·克劳狄下令修建一条长达 540 千米的阿庇安大道，将罗马和布林迪西连接起来。都城附近的道路两旁排列着墓碑。

下页图 圣保罗门旁是盖乌斯·塞斯提乌斯大理石金字塔。塞斯提乌斯是执政官兼保民官，于公元前 12 年去世，这座金字塔是他的坟墓。罗马征服埃及后，埃及风格在罗马盛极一时，这座建筑的灵感就来源于此。

古迹之一。在图拉真广场上的一个大型半圆室（*exedra*）[1]附近，他建立了一片崭新布局的贸易区——图拉真市场。图拉真还为罗马城建造了一个更加高效的新港口，由巨大的六边形港池构成，取代了克劳狄时期已经淤塞的港口。他还修建了最后一条大型渡槽，为罗马城供水。图拉真的继任者哈德良为罗马城建了两座神庙，它们很快就成为罗马文明的象征：万神殿（由阿格里帕兴建，但当时已年久失修）与维纳斯和罗马神庙。哈德良在台伯河右岸建造了自己的陵墓，并架起一座通往对岸的桥梁——哈德良桥（圣天使桥），此桥至今仍在使用。在阅兵场上，哈德良为纪念图拉真之姊玛西娅娜（Marciana）及其侄女玛提蒂娅（Matidia）建立了柱廊和一座神庙。玛提蒂娅是哈德良妻子维庇娅·萨宾娜的母亲。除了为纪念马尔库斯·奥勒留征服日耳曼人和萨尔马提亚人而竖起的圆柱外，安东尼王朝的皇帝们并未修建任何主要建筑，只是完成了前

1 *exedra*（复数为 *exedras* 或 *exedrae*）指的是建筑平面上凹入、凸出的空间，通常为半圆形，可统一译为半圆空间。该词源于古希腊语，意为"露天座椅"，指柱廊外的开敞式弧形高背石椅，可用于座谈交流。罗马的住房和建筑中也有类似空间，可译为开放式半圆形座谈间。该词也指在教堂或其他建筑中的半圆空间，常有半圆穹顶，或是建筑内部墙体向外凸出的封闭空间，或是外立面墙体上凹陷而成的开敞式空间，此类型本书译为半圆室。另外，半圆形的壁龛、平台、园地等空间也可用该词指称。——编者注（本书注释均为编者注，后文不再作说明。）

执政官　　　奥古斯都　　　执政官　　　　　　　　四个弗拉米尼安祭司　　　　　　　　扈从　　阿格里帕

人开启的工程。至此，罗马城布满了各种各样的公共建筑。在后来的几个世纪里，浴场和柱廊是唯一添造的建筑物。这一时期，国家尤其关注教育，还开设了许多图书馆，资助公立学校和教师。读写能力更为普及，许多罗马人既会说希腊语，也会说拉丁语。图拉真统治时期，尤尼乌斯·尤维纳利斯的诗歌最为生动，他在讽刺诗中无情地描绘了当时的社会。最伟大的历史学家塔西佗以其撰写的皇帝传记（从提比略到尼禄）而闻名。苏埃托尼乌斯也是一位优秀的传记作家，他叙述了历代皇帝的生平（从恺撒到图密善），同时也展现出自己渊博的学识。安东尼时代的其他杰出人物还有伟大医生盖伦、博学家格利乌斯、著名修辞学家科尼利厄斯·弗朗托和出身非洲的阿普列尤斯。阿普列尤斯的小说《金驴记》象征了那个时代知识分子的焦躁不安，以及他们对内心平静的探索，这已不再是哲学和传统宗教所能提供的了。

　　塞维鲁王朝始于塞普提米乌斯·塞维鲁的统治。他致力于修复和完成现有的建筑。只有帕拉丁山脚下的塞维鲁纪念碑留下了他的名字。这一宏伟的景观建筑（可能是一座装饰着雕像和精美大理石的水神庙）构成了阿庇安大道城市部分的壮丽背景，也为来到罗马的人们呈现出极具吸引力的景象。尽管塞维鲁也开始建造大型浴场（后由其子卡拉卡拉完工，并以卡拉卡拉的名字命名），但他并不怎么关注帝国首都，而是把注意力放在他的出生地大莱普提斯，并为其建造了华丽的建筑物。之后的皇帝们没有兴修任何纪念性建筑并留下自己的名字，除了亚历山大·塞维鲁在阅兵场上建造的浴场，

盖乌斯·恺撒　　尤利娅　　　提比略　　　　　小安东尼娅　日耳曼尼库斯　德鲁苏斯　多米提乌斯　大安东尼娅　多米提娅　多米提乌斯·阿赫诺巴尔布斯

跨页图和下图　奥古斯都和平祭坛是一座极具历史和艺术价值的纪念建筑。基于1568年起发现的遗迹碎片，人们于20世纪30年代重新修建祭坛。该祭坛于公元前13年由罗马元老院修造，以纪念奥古斯都征服西班牙和高卢，为整个罗马世界带来和平安宁。公元前9年元老院在阅兵场举行了庄严的祝圣典礼。祭坛由矩形大理石外墙和两扇门组成，门外有斜梯。建筑内部，台阶的顶端是装饰华丽的祭坛。墙体的内部和外部均饰有华丽的浮雕，内部的浮雕饰有花彩，还雕刻有祭酒碗（paterae）和牛头骨（bucrania）浮雕，外部浮雕分为上下两部分。下层的浮雕优雅精致，饰有重复的涡卷莨苕纹样，以及天鹅和其他动物。上层的浮雕雕绘有四幅神话场景（两扇门的两侧各有一幅），以及祭坛祝圣典礼的游行队列，分别落在墙体较短的两个面上。北面的浮雕受损严重，也没那么重要，但南面浮雕中的人物非常有意思，其中包括奥古斯都本人，以及祭司、官员和皇室成员。

跨页图展示了南面浮雕上的行进队伍，不包括已经遗失的浮雕。队伍由两名扈从开路，其后是位于两名执政官之间的奥古斯都；然后是四位弗拉米尼安祭司和一位弗拉米尼安扈从；接着是阿格里帕及其子盖乌斯·恺撒、其妻尤利娅（奥古斯都的女儿）；提比略；小安东尼娅（奥古斯都的侄女），丈夫德鲁苏斯（提比略之弟）和他们的儿子日耳曼尼库斯；大安东尼娅（奥古斯都的侄女）及其子多米提乌斯、多米提娅，最后是她的丈夫多米提乌斯·阿赫诺巴尔布斯。

这座浴场由亚历山大渡槽（最后一条引入罗马的渡槽）供水。最后，在3世纪末，奥勒良开始修筑宏伟的城墙。经过大规模重建，城墙仍然环绕着城市，总长近19千米。这一时期的文化生活相当丰富，这要归功于塞普提米乌斯·塞维鲁的妻子尤利娅·多姆娜的赞助。她将当时的一批杰出人物召集到宫廷，如历史学家

149

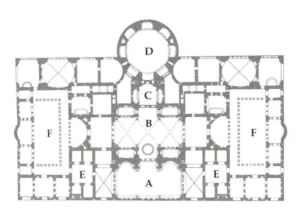

卡拉卡拉浴场

A 露天游泳池
B 冷水浴室
C 温水浴室
D 热水浴室
E 更衣室
F 健身围廊

卡西乌斯·狄奥，法学家帕比尼安和乌尔比安。然而，帝国的绝对统治扼杀了人们自发的灵感，这导致罗马没有多少原创的文学作品，反倒助长了对现有作品的学习和模仿。当时的宗教宽容政策让大量基督教著作得以流通，成为这一时期的显著特征。由此，扩散者捍卫新信仰的著作变得非常重要，其中，迦太基人德尔图良的作品尤为突出，他以极大的宗教热情和道德严谨性宣扬基督教义。在戴克里先和君士坦丁的统治下，罗马开始了最后一次大规模的建设工作。奎里纳尔山两头的宏伟浴场和埃斯奎林山上的海伦娜浴场均为该时期的建筑。马克森提乌斯在广场上新建了一座巴西利卡，还在阿庇安大道上建了一座大竞技场。米尔维安桥战役后，君士坦丁独统帝国，他加固并修复了许多破旧的公共建筑，还新建了几座基督教巴西利卡。斗兽场附近的君士坦丁凯旋门是为纪念君士坦丁而建，象征着异教世界的结束。4世纪后期，古老的庙宇逐渐废弃，或是改建为基督教堂。出于城市安全的考量，只有城墙和桥梁还在有效运行。尽管阿尔卡狄乌斯和霍诺里乌斯下令大规模修复城墙，但他们还是无法抵挡阿拉里克率领的蛮族部落的进攻。410年，罗马城遭到严重破坏，伟大的艺术作品被洗劫一空。这一事件标志着帝国开始衰败。5世纪下半叶，衰落加速，最终西罗马帝国覆灭。

在帝国的最后时期，艺术也发生了彻底的变化。人物画像从写实主义转变为愈加明显的风格化，以符合当权者的新形象。主要的雕塑是石棺，一些重要的马赛克镶嵌画也来自该时期，其中，基督教主题越来越频繁地出现。

跨页图 大约在211年，塞普提米乌斯·塞维鲁开始建造浴场，五年后由其子卡拉卡拉完工，浴场以他的名字命名。卡拉卡拉浴场是罗马最宏伟的浴场，占地13万平方米，可容纳1600人进行各种活动。

下图 卡拉卡拉浴场原来是用昂贵的大理石、五彩石膏和雕塑群来装饰的，如今残存的马赛克装饰画无法完全体现出浴场的富丽堂皇。除了浴室，这座庞大的建筑还包含健身围廊、桑拿房、图书室和休息室。

下一跨页图 这幅复原图展现了卡拉卡拉浴场昔日的风光。从截面图可以看到，中央区域有游泳池、冷水浴室、温水浴室、热水浴室以及直径 35 米的圆形建筑，现已被摧毁。宏伟的花园环绕着整个建筑群。

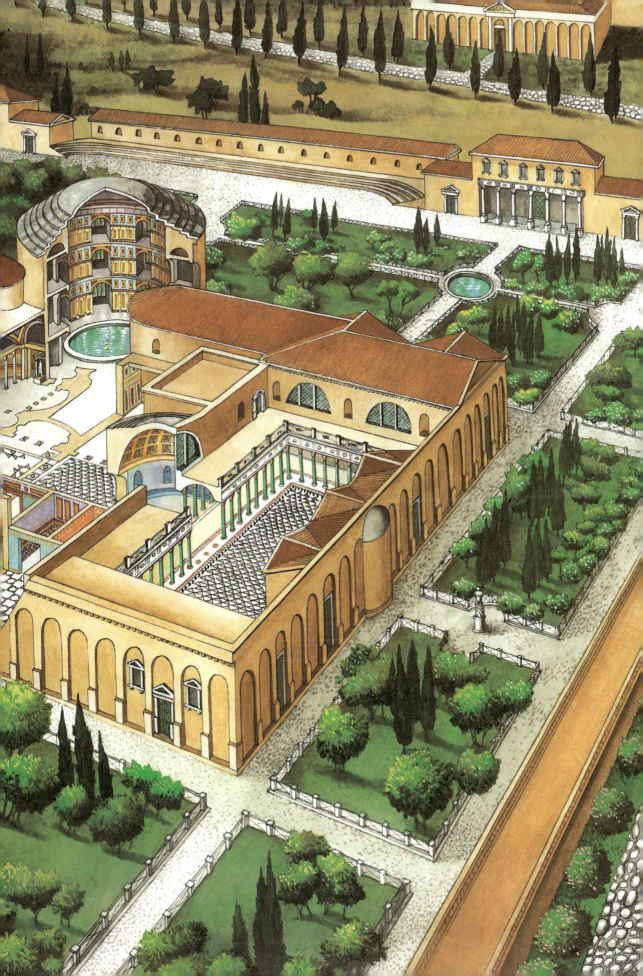

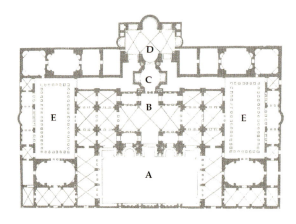

戴克里先浴场

A 露天游泳池　　C 温水浴室　　E 健身围廊
B 冷水浴室　　D 热水浴室

下页右上图 1566 年，米开朗琪罗将戴克里先浴场
（罗马历史上最大的浴场）巨大的温水浴室改建为
圣玛利亚天使大教堂。图中，教堂的正面实际上是
热水浴室仅存的两个大半圆室之一。

跨页图 这幅航拍图展示了戴克里先浴场遗址庞大
的规模。温水浴室长 91 米，高 28 米，后于 1749
年被万维泰利改建为教堂的耳堂。整座建筑群由
298—306 块砖砌成，可以同时容纳 3000 人。

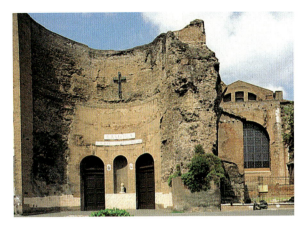

右下图 如图为罗马国家博物馆的入口，位于戴克里先浴场的侧翼。戴克里先浴场的布局与卡拉卡拉浴场基本相同，但规模更加宏伟。温泉浴场是罗马文明最具特色的标志之一，帝国的每个省都有这种浴场。有确切证据表明，仅在罗马就有 10 个大型浴场，资料记载的至少有 6 个，具体位置尚不确定。浴场需要消耗大量的水，通常由专门架设的引水渠提供。

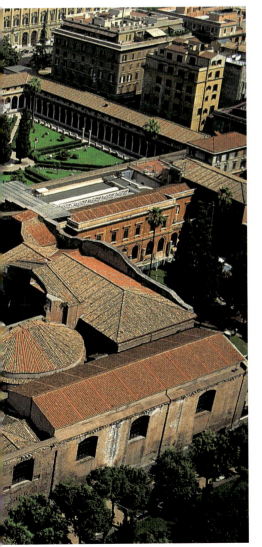

和这种转变相比，罗马人的生活方式几乎未有改变。只要帝国的财力能够负担得起，盛大的公共娱乐活动就会继续举行。然而，不可避免的金融危机迫使皇室在内的所有人简朴度日。在戴克里先和君士坦丁等皇帝的影响下，文学发展依然受到支持。这一时期的主要作品是关于语法和修辞学的研究，而最后一批异教徒们还在徒劳地捍卫着正在衰落的罗马世界。在当时，有许多平庸的节录者和传记作家模仿苏埃托尼乌斯撰写皇帝列传，而只有阿米亚努斯·马塞林努斯的作品具有真正的史学价值。基督教文化促使了新型知识分子的产生，这类学者在承认过去哲学和文学

传统的同时，只接受有助于解释基督教的理论。当时最伟大的人物是圣奥古斯丁，他以最为高昂的论调阐述自己的哲学思想，充满了人类灵魂的激荡。鲁提利乌斯·纳马提阿努斯（Rutilius Namazianus）是最后一位见证帝国衰落的高卢诗人，他在《归途记事》中叙述了自己返回高卢故土的经历，由于旧的领事道已无法通行，他只能乘船航行。辞别之际，纳马提阿努斯用极具诗意的语言对罗马诉说："听呐，罗马，你是美丽的女王，世界属于你，你与群星共存！听呐，你是人类的母亲，也是众神的母亲。你众多的庙宇，让我们感到无比接近天堂！我们为你歌唱，只要命运准许，我们将永远为你歌唱：无人能忘记你的存在……正如大自然将生命播撒到世界的最远方，大地也为你开路。你统一了各国人民；对目无法纪的人们来说，被你征服是莫大的幸运。你赋予被征服者平等的权利，你将世界变成了一座城……"

上图和下页图 罗马艺术主要是一种为帝国政治服务的宣传工具。然而，正如这两幅精美而稍显学院派的青年肖像所展现的，矫饰和优雅的希腊艺术主题广受有教养的富人们的欢迎，他们有时会花费不菲的金额，用大理石和青铜来装饰自己的别墅。然而，这种热情更多出于一种势利和装腔作势，而非对艺术的真正欣赏。实际上，罗马公民不属于从事艺术，而一般由移居到罗马的希腊和亚洲工匠，或是平民和被释奴进行艺术创作。

《赫马佛洛狄忒斯》（左）和《卡皮托林的维纳斯》（右）都是优秀的希腊雕塑复制品。在罗马人接触到希腊艺术的时候，罗马世界（在那时开始大肆推行扩张主义）出现了大批新贵，他们对美产生了极大兴趣；而希腊人（经过几个世纪的发展后，艺术造诣相当成熟）怀念其曾经的政治和文化霸权地位，开始了复古风潮。

由此，罗马从希腊引进了类似的艺术作品，其具象艺术受到了希腊的巨大影响；然而，官方艺术延续了自共和国时代起的实用和庆祝功能。经过实践，罗马人认为雕塑具有装饰和美观的作用，所以雕塑广泛应用于公共建筑，受到富人的欢迎。凯旋画像仍遵循传统的逼真风格，有时也采用来自希腊的精湛技艺。而罗马人在建筑领域最具独创精神。

意大利的古罗马遗迹

这件浮雕是奥古斯都和平祭坛外墙装饰的一部分，雕刻着一位体态丰腴的女性，即大地女神忒勒斯，肥沃土地的化身。她身边的两位仙女分别象征着空气和水。该场景代表了罗马世界的三大元素，同时也寓言着奥古斯都的和平统治，他给意大利带来了繁荣。这座纪念性建筑（奥维德和奥古斯都本人为其提供了宝贵信息，奥古斯都曾在自传《神圣奥古斯都功业录》中提及该建筑）对了解奥古斯都时期的公共艺术至关重要。希腊文化的影响体现在和平祭坛外部的涡形装饰和忒勒斯浮雕上，而新雅典派风格则体现在其两个行列的空间安排上。同时，其显而易见的宣传意图，以及对建筑历史价值的重视又属于典型的罗马风格。这种折衷主义风格和意大利传统题材结合起来，成为共和国晚期，尤其是帝国时代早期的显著特征。

意大利的政治组织

■ 罗马

A 奥斯塔　　　　　D 蒂沃利　　　　　G 赫库兰尼姆

B 维罗纳　　　　　E 帕莱斯特里纳　　 H 庞贝

C 普拉　　　　　　F 奥斯提亚

1 科西嘉岛（公元前 238 年起纳入撒丁尼亚和科西嘉省）

2 撒丁岛（公元前 238 年起纳入撒丁尼亚和科西嘉省）

3 西西里岛（公元前 241 年起成为西西里行省）

注：本书之后所有关于罗马的地区地图，只是将建立和撤销时间不同、有
过长期统治的行省综合到了一张图中，并不是某一时间段的确切行政区划。
虽然罗马历史上行省不断有裁撤、重组和细分，但这些地图一定程度可以反
映戴克里先改革前，尤其是 2—3 世纪的帝国行省区划情况。这些行省也可
以作为地区概念来理解。

由于罗马地处意大利中心，所以罗马人总是分头作战，抵抗敌人。然而，随着被
征服领土的增加，罗马人需要一套适用的防御系统，即典型的意大利殖民制度。公
民及家属被派往具有重要战略意义的城镇，不仅是为了保卫新征服的土地，也是为
了耕种分配给他们的土地。耕地约占敌人领土的三分之一，被分为小块土地，作为
私有财产重新分配给人们。这些公民被称为殖民者（*coloni*），新的聚居地叫作殖民地
（*coloniae*）。这些殖民者可能是拉丁或意大利盟友，但通常是罗马公民，地位等同于
拉丁盟友或是保有公民权利。由此，拉丁殖民地（*coloniae Latinae*）或拉丁人殖民地
（*coloniae Latinorum*）和罗马公民殖民地（*coloniae civium Romanorum*）之间的差异形
成了。最古老的殖民地是拉丁殖民地，即那些被拉丁同盟征服的土地，其中一些同盟
的历史可以追溯到王政时代。通常有 1500—6000 名殖民者被派往殖民地。这些殖民城
镇的奠基仪式（*deductio*）延续下来，甚至在公元前 338 年拉丁同盟瓦解后仍在继续。
意大利的最后一块拉丁殖民地是卢卡，建于公元前 180 年。这些殖民地通过特殊条约
与罗马结盟，拥有自己的宪法、法律和行政官，不用向罗马交税，但必须在战时为罗

马军队提供物资。罗马建立这些殖民地城镇，是为了巩固在拉丁战争中获得的领土，其居民主要是罗马平民，他们为了获得一块耕地的所有权而放弃公民权。拉丁殖民地主要用于保卫边疆土地，而在沿海边境，罗马建立了由公民组成的较小殖民地。相传，第一个罗马殖民地是奥斯提亚，由安库斯·马尔西乌斯建立。这些殖民地的居民通常为300人，拥有罗马公民权，并且有自己的行政官。公元前183年起，罗马殖民地开始取代拉丁殖民地。这一时期，罗马人在山南高卢建立了摩德纳和帕尔马殖民地，在伊特鲁里亚建立了萨图尔尼亚殖民地，殖民者的数量增加至2000人。

有时，罗马无法派遣出足够多的殖民者。在这种情况下，被征服城镇的居民被授予不同程度的罗马公民权，并继续住在原居住地，于是就有了自治市（*municipium*）。据说第一个自治市是拉丁的图斯库卢姆，那里的居民在公元前381年获得罗马公民身份。拉丁同盟解体后，自治体系广泛应用于拉丁城镇和坎帕尼亚城镇。拉丁城镇的居民可以获得具有充分政治权利的公民身份，或者是不具有选举权的公民身份（*civitas sine suffragio*）。这类城镇称为政区（*praefecturae*），比自治市低一级，由罗马派遣的地方长官行使管辖权。还有一些与罗马结盟的城镇——邦国（*civitates foederatae*），只要它们不挑战罗马的霸权，就可以保留主权国的称号。几乎所有伊特鲁里亚和意大利维苏威以南的城镇都拥有这种法律地位。

与此同时，殖民地的防御作用大大降低。123年，盖乌斯·格拉古继续设立殖民地，以便将土地分给罗马的无产阶级。他的做法遭到了贵族的强烈反对，最终以血腥的暴乱告终，格拉古也死于暴乱中。长期以来，拉丁殖民者和意大利联邦的所有盟国为罗马的崛起做出了积极贡献，却无法获得罗马公民的地位。于是，他们的不满情绪日益高涨，一场全面的武装冲突爆发了。公元前89年，同盟战争爆发后，其余拉丁殖民地的性质发生转变，仅保留法律地位，卢比孔河下游城镇的居民则获得了宝贵的公民权。

从那时起，自治体系遍布整个意大利。自治市拥有更多的行政独立权，长期以来都被认为是城镇组织的完美典范。直到1世纪下半叶，殖民地才重新受到重视。

公元前1世纪初，马略和苏拉先后建立殖民地，将土地授予退伍士兵。后来，恺撒和奥古斯都更是巩固了这一做法。于是，在作为反叛恺撒的共谋的18个城镇中，新殖民者的土地被没收或是购买。罗马殖民地的头衔变得非常抢手，不少皇帝将这一地位授予了许多意大利城镇。多年来，尽管这些城镇组织发生了不少变化，但它们的宪法基本效仿罗马，并且与罗马越来越相似。罗马在不同时期采取不同的政体，同样，根据公民国籍的不同，给予他们的待遇也不同。帝国时代，殖民地和自治市的最高行政官叫作双执法官或四人执法官（*duoviri / quattuorviri iure dicundo*）。他们在一定范围

在普拉现存的众多罗马纪念性建筑中，最有趣的是塞尔贾家族（Sergia family）的丧葬拱门，两对科林斯柱中间是单拱门。其历史可以追溯到公元前30年，是最古老的保存完好的建筑标本之一。

跨页图 普拉位于伊斯特拉半岛，如今是克罗地亚的一个城镇。公元前1世纪中期起，普拉成为罗马殖民地。该地的圆形剧场外部有四个巨大的塔楼，构造独特，楼内有通往上层的阶梯。

内行使民事和刑事管辖权，召集和主持委员会和人民大会，管理城镇权益，组织开展公共工程，确保人们履行宗教义务。行政官由公民大会选举出来。如今，庞贝城的墙上仍可以看到选举"海报"。

　　每个城镇都需要管理自己的预算。城镇的收入来源五花八门，用于维持一系列开支：粮食供应、邮政服务、军队住宿、娱乐以及城墙、道路、渡槽和公共建筑的修缮。对于富有的无官职公民来说，参与修造公共设施或是自费参加娱乐活动是十分平常的事。正如殖民地的政治组织和社会生活所展现的，在城市规划方面，罗马人表现出一种强烈的倾向，即从共和时期开始就对管辖区域进行

下页左下图　在蒂沃利，俯瞰着阿涅内瀑布和山谷的悬崖上，矗立着一座圆形神庙的废墟，可以追溯到共和时代晚期。它被称为维斯塔神庙或是西比尔神庙，但很可能是献给赫拉克勒斯的。这座科林斯风格的建筑对19世纪的欧洲纪念性建筑产生了巨大影响。

下页右下图　维罗纳起源于阿迪杰河的弯曲处，是意大利北部最大的罗马城镇之一。图中圆形剧场的历史可以追溯到1世纪上半叶，尽管经过多次修复，它仍是世界上保存最完好的剧场之一，某著名歌剧季就在这里举办。

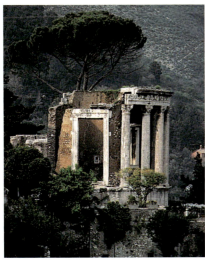

左图和跨页图 位于普勒尼斯特（Preneste，今帕莱斯特里纳）的福尔图娜神庙是罗马时期意大利最重要的宗教建筑群之一。从公元前2世纪到苏拉时代，这座建筑群不断向山坡延伸。建筑下方的主体部分是一个带有柱廊的房间；左边是神谕洞穴，右边是一个较小的房间，地板上装饰着一幅壮观的马赛克镶嵌画，描绘了泛滥的尼罗河水，如本页左图所示。在神庙的上半部分，建筑师们肆意地发挥想象力。他们发明了一种极具观赏性的建筑形式，所有建筑围绕着三层阶地而建，最上层是一个巨大的半圆形建筑，顶部耸立着一个圆屋。凭借对后世建筑形式发展的非凡远见，普勒尼斯特这一建筑群影响了帝国时代的纪念性建筑（包括图拉真纪功柱的设计）和罗马殖民地的宗教建筑。

严格的划分。殖民城镇的选址面积约为 70 平方千米，从城镇中心开始计算。城镇中心位于两条道路的交叉口，南北向的称为南北干道（cardo），东西向的称为东西干道（decumanus），两条道路呈直角分布。在此基础上划分土地，每块土地 200 犹格（iugeri，约等于 50 公顷），构成地籍的基本单位。这些地块被称为"百分田"（centuriae，即 100 个 2 犹格），这种划分土地的方法叫作"百分田划分"（centuriatione）。除了百分田，土地还可以划分成矩形条带，一种为南北走向，另一种为东西走向。每块地只能有一个所有者，结果就是一块百分田被平均分给若干人。在林区或是溪流交错的区域分配土地时，需要做出必要的调整，以防止一些殖民者遭受区别待遇。用来划分土地的主

要工具是格罗马（groma），测绘员也因此被称为"gromatici"。格罗马是一种四臂等长的十字形工具，测量时水平固定在一根插入土地的木杆上。四臂末端各垂下一条铅垂线，使其与四臂垂直。将格罗马置于待划分的土地中心，可以画出基准直角坐标轴的两条线。每隔20阿克图斯（actus）划出一条与其中一条的轴线平行的直线，最终可以得到一个规则的网格。阿克图斯是一种平面测量单位，表示牛拉犁的单程距离，相当于35.48米。随后，人们草拟出一份土地规划，将副本送往罗马。根据直角坐标轴体系将土地分为若干规则区域的做法可以追溯到罗马时代以前，这种划分方法广泛应用于大希腊和伊特鲁里亚地区，与宗教有关。在意大利的很多乡村，航拍图清晰地展现了土地被划分为百分田的痕迹。通过观察当地的道路、运河和边界线，我们仍可以辨认出土地的布局。新城镇的建立也采取了类似的土地划分法。城镇中心的布局与军营相同，呈矩形或是方形，棋盘状道路与南北和东西干道平行。城墙每隔一定距离就有一座防御塔。城内有广场、巴西利卡、库里亚、神庙、浴场、市场和剧院，在诸如奥斯塔等新建的城镇里还有圆形剧场。

　　尽管由于地形不同，布局会有一些改动，但这种模式一直沿袭下来，对罗马城镇的发展产生了广泛影响，甚至持续到罗马帝国灭亡后。尤其是在意大利北部，罗马建筑师按照合理的、统一的模式，自由地规划新殖民地，以控制被征服的土地。许多城镇中心的道路网络布局规律，历史悠久。在都灵、奥斯塔、科莫、帕维亚和皮亚琴察，以及维罗纳、博洛尼亚和卢卡，罗马城镇的直角网格仍然是中世纪城镇规划的基础，甚至影响了更晚时期的建筑。在很多情况下，周围乡村的道路还遵循着古老的路线，几乎没有改动。在一些行省首府，壮观的纪念性建筑仍旧屹立着，可见，罗马繁荣的经济和较高的生活水平，足以与一千三百多年后的现代世界匹敌。

这座名为《埃斯奎林的阿芙洛狄忒》的雕像精美绝伦，却是希腊艺术后期的混合产物，将古风与对裸体的自然主义描绘巧妙地融合在一起。在意大利半岛的许多地方都发现了该希腊原件的复制品，可见在当时很受欢迎。在制作正式肖像时，工匠（通常为希腊移民）有时只在大理石上雕刻出客户的面部，然后将头部固定在批量生产的躯体上，其制作灵感源自过去著名的雕塑作品。富有的罗马人还热衷于收藏艺术品和古董。

下页图　这幅著名的庞贝壁画可以追溯到1世纪，画的是一对新婚夫妇，女人拿着一支尖笔和一块蜡版，男人拿着一卷羊皮纸。有人认为画中的男人是面包师帕奎乌斯·普罗库鲁斯，也有人认为他是某地的行政官。不论答案是什么，重要的是在帝国时代早期，中产阶级通过贸易和担任公职致富，成为真正的统治阶级。这幅画像还体现了罗马妇女的解放，这在古时是非常罕见的。

奥斯塔，
本宁阿尔卑斯山脉的前哨

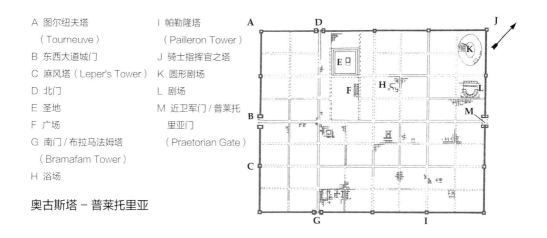

A 图尔纽夫塔
  （Tourneuve）
B 东西大道城门
C 麻风塔（Leper's Tower）
D 北门
E 圣地
F 广场
G 南门 / 布拉马法姆塔
  （Bramafam Tower）
H 浴场

I 帕勒隆塔
  （Pailleron Tower）
J 骑士指挥官之塔
K 圆形剧场
L 剧场
M 近卫军门 / 普莱托
  里亚门
  （Praetorian Gate）

奥古斯塔 – 普莱托里亚

　　奥斯塔是罗马的一个殖民地，由奥古斯都于公元前24年左右建立，命名为奥古斯塔 – 普莱托里亚 – 萨拉索鲁姆（*Augusta Praetoria Salassorum*）。该城坐落在阿尔卑斯山脚下，位于多拉巴尔泰河与比蒂耶（Buthier）河的交汇处，同时也是通往赫尔维希亚和高卢道路的起点。近卫军长官奥拉斯·特伦提乌斯·瓦罗（Aulus Terentius Varro）曾受命征服凯尔特部落萨拉希（Salassi），将军队驻扎在萨拉希的一个重要文化中心附近。奥斯塔城就位于瓦罗的军营所在地，由3000名退役近卫军建造。古奥斯塔的布局极为规则，被公认为最接近理想典范的罗马城市。即使在今天，仅有2.5千米长的城墙依然完整，还有各种保存完好的防御塔，如帕勒隆塔和麻风塔。城墙东侧著名的近卫军门是古时保留下来的最为优美的城墙建筑。该门有两个部分，围绕着一个巨大的中庭。通道由中央的一个大承拱和两侧的小拱组成，三条通道的两侧矗立着两个巨大的方形塔。12世纪时，右侧防御塔的高度大大增加，目前用作展区。在城市中心的广场区域，可以发现一座神庙的遗迹，周围环绕着呈四边形的大型地下回廊（cryptoporticus）。这种地下结构出现在高卢的许多广场中，可能用作列队行进的路线。

在奥斯塔考古博物馆陈列的文物中，最有趣的一件是在小圣伯纳德山口出土的"迦太基"的朱庇特银制半身像，以及一件来自2世纪的精美青铜佩饰。

剧场和圆形剧场的遗址离城门不远，坐落在城市的东北部。剧场观众席的后墙有三层拱门，中间是一排方形开口，十分宏伟壮丽。考古挖掘发现了现场的各种遗迹，但只有低层台阶保留下来。种种构造特点表明，奥斯塔剧场是罗马为数不多的有屋顶的剧场之一。几乎没有位于城墙内的圆形剧场留存下来；这种情况很少见，因为这种建筑通常建于城墙外。奥斯塔圆形剧场是第一批用石头建造的剧场之一，比弗拉维圆形剧场早了一个世纪，如今部分建筑并入了一个女修道院；它能容纳约1.5万名观众。奥古斯都凯旋门孤零零地矗立在离近卫军门几百米远的郊区道路上。这条道路经过比蒂耶河，河上横跨着一座17米长的桥梁，桥体几乎完好无损。奥古斯都凯旋门修复状况良好，但顶层已经遗失，原本上面刻有献词。它可能是为纪念皇帝成功征服阿尔卑斯山人民，尤其是萨拉希人而建立的。这座凯旋门只有一个承拱，高高的底座上竖立着半露柱，正面的支柱间镶嵌着长方形壁龛。如今，奥斯塔已是繁荣的地区首府，因其纪念性遗址完美地融入了当地生活，成为国际历史和城镇规划研究的对象。

跨页图 从众多建筑的构造特点来看，奥斯塔剧院是罗马为数不多的完全有屋顶的剧场之一，观众席外侧墙壁的一部分至今仍在。

下图 奥古斯都凯旋门由凿过的布丁岩石块砌成，是现存最古老的凯旋门。在离帝国首都相对较远的地方建起这样一座宏伟的建筑，是为了震慑被征服民族，并激发起新殖民者的自豪感。

下一跨页图 奥斯塔周围是乡村，那里的土地被精准划分为"百分田"，整座城市为长 724 米、宽 572 米的矩形。巨大的城墙为城市提供了防御保障，宏伟的公共建筑也满足了迅速增长的人口的需求。

哈德良别墅，
恢宏的皇家宫殿

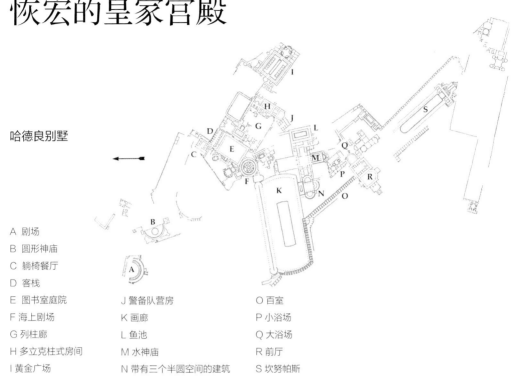

哈德良别墅

A 剧场
B 圆形神庙
C 躺椅餐厅
D 客栈
E 图书室庭院　　　　J 警备队营房　　　　O 百室
F 海上剧场　　　　　K 画廊　　　　　　　P 小浴场
G 列柱廊　　　　　　L 鱼池　　　　　　　Q 大浴场
H 多立克柱式房间　　M 水神庙　　　　　　R 前厅
I 黄金广场　　　　　N 带有三个半圆空间的建筑　S 坎努帕斯

　　蒂沃利（即古代的提布尔［Tibur］）坐落在罗马东南部阿尼奥瀑布（Anio Falls）附近的提布尔提尼 – 瓦莱里安大道（Tiburtine–Valerian Way）上。公元前 5 世纪初，这座城市就受到了罗马的影响。然而，蒂沃利与罗马时有冲突，直至同盟战争，蒂沃利成为罗马的一个自治市，该地居民获得了罗马公民权。奥古斯都时代，蒂沃利成为罗马富人的度假胜地之一。卡西乌斯、梅塞纳斯、贺拉斯、昆提利乌斯·瓦鲁斯（Quintilius Varus）、卡图卢斯、萨卢斯特和奥古斯都都均留在蒂沃利生活，哈德良也在蒂沃利城的山脚下建造了自己的豪华别墅。吸引罗马人的不仅有该地的优美环境，更有古老的赫拉克勒斯神殿、西比尔神谕，以及下方平原上的硫黄浴池。

　　在目前幸存的遗迹的基础上重现古城的布局是相当困难的。城墙和城门所剩无几，卫城则有自己的城墙。巴西利卡和广场所在的位置已经确定。广场南侧矗立着保存良好的矩形建筑，上有拱形屋顶，人们在建筑内发现了两间度量房（*mensae ponderariae*，在当地交易中用于度量的官方模型），可能是粮食供应处。在卫城的东端，面朝阿尼

上图 海上剧场其实是哈德良独自隐居和冥想的小别墅，周围环绕着柱廊和环形水道，与外界隔绝。图中，在别墅的后方可以看到画廊中央的巨大水池。

下图 哈德良别墅位于蒂沃利附近，是哈德良皇帝在 118 年至 133 年建造的，以重现自己在长途旅行中参观过的地方和纪念性建筑。图片下方，我们可以看到四边形的柱廊遗迹和所谓的"鱼池"。

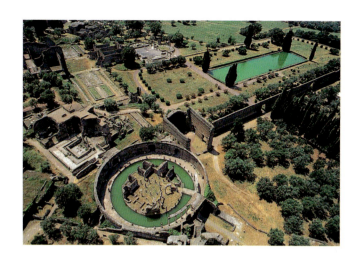

上页图　哈德良是个很有教养的人，他喜欢各种各样的艺术，也热爱建筑。坎努帕斯（Canopus）的景观布局明显体现了这一偏好，该建筑是整座别墅最吸引人的部分，位于建筑群南部的一个人工山谷。其中的纪念性建筑是为了重现埃及坎努帕斯的塞拉皮斯神庙，以及连接坎努帕斯和亚历山大港的运河。图片前景中，塞拉皮斯神庙（Serapeum）的半圆穹顶十分突出。

上图　在坎努帕斯中心的水池边，有一排优雅的柱廊，在那里矗立着许多著名的希腊雕塑复刻品，包括雅典厄瑞克修姆神庙的四个女像柱。

下图　人们在坎努帕斯发现了安提诺斯的各式雕像。安提诺斯是哈德良的男宠，在陪同皇帝前往埃及的途中，溺死在尼罗河里（可能是自杀）。哈德良迷恋着这位年轻的比提尼亚人，并在安提诺斯死后将他奉为神灵。有人认为，皇帝被这个男孩忧郁的美貌所吸引，这对哈德良躁动和富于艺术性的忧郁灵魂产生了巨大影响，远远超过任何身体上的吸引。无论如何，在古典时期，同性恋并不是可耻的事情，反而受到了许多诗人的赞美。

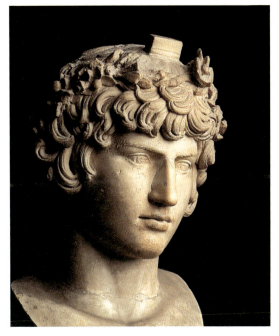

奥瀑布的悬石处，矗立着两座神庙：一座长方形的爱奥尼亚四柱式的西比尔神庙；另一座是带有科林斯式柱廊的圆形维斯塔神庙。这两座建筑均建于公元前1世纪上半叶，为周围的乡村增添了一道美丽的风景。

　　城墙外的格罗塔 – 奥斯库拉（Grotta Oscura，"昏暗洞穴"）区域是一片宏伟建筑群的废墟，曾坐落着著名的赫拉克勒斯神殿。这座建筑布局优美，部分建在坚固的阶地上，其历史可以追溯到公元前1世纪，且在弗拉维王朝时期进行了某种程度的重建。从建筑学角度看，该祭祀场所与同时期拉丁姆的一些神殿密切相关，比如泰拉奇纳的朱庇特神庙、帕莱斯特里纳的福尔图娜神庙，以及罗马的国家档案馆。所有这些建筑都是公元前1世纪大肆修造的产物。

如今，蒂沃利主要因哈德良别墅而闻名，该别墅坐落在提布尔提尼山的一片宽阔平原上，位于城镇的西南方。这座巨大的建筑群占地约 120 公顷，是意大利最引人入胜的考古遗址之一。哈德良别墅建在共和时期的一座别墅旧址上，与周围的景观完美契合，布局看上去浑然天成，实际上遵循了精确的设计。哈德良崇拜希腊传统，在建造自己的住所时，他根据共和时期已经引入的风格，同时从知名建筑汲取灵感，大胆模仿帝国各地给他留下深刻印象的纪念性建筑。

　　哈德良别墅以其多样的建筑形式而闻名，尤其是各种各样的拱形天花板，以及对光线和视觉效果的巧妙运用。该建筑的重要意义还在于挖掘出土的大量雕塑，包括坎努帕斯水池边的女像柱、厄瑞克修姆神庙女像柱的仿制品，以及菲狄亚斯和波利克里托斯作品的复制品。哈德良别墅建于 118 年至 133 年。起初，哈德良仅对现有建筑进行重组和扩建，增设了浴室、体育馆和官方宴会厅。其余建筑是后来逐渐增加的，最终造就了别墅宏大的规模。整个别墅区域由一个地下通道系统（部分可供手推车通行）维持运转，用于提供一种独立的服务网络，以保证上层阶级的威望。别墅的主要入口在北面，连接着提布尔提尼大道的始端，大道沿途经过坦佩谷（因其与色萨利的坦佩谷相似而命名）。这里坐落着客栈（hospitalia），是守卫入口的近卫军的住所。附近有两个被称为图书室的房间，实际上是两个夏季躺椅餐厅，年代更为久远。

　　海上剧场是整个建筑群中最吸引人的地方之一，可以从其中一间房的背面到达。剧场由环形的挡土墙和朝内的柱廊构成，与别墅的其他部分隔开。一条水道环绕着中央的圆形小岛，上面曾经架着两座小桥。中央的人工岛上坐落着供皇帝休憩和隐居的小型别墅，围绕庭院和喷泉而建，还有一个小型浴室。著名的先例可能有奥古斯都在帕拉丁山上的住所，更早一些的有大狄奥尼修斯在叙拉古的宫殿。别墅的中心区域包括图书室庭院、宫殿、水神庙、多立克柱式房间和一旁的警备队营房，最后是黄金广场，其四周围绕着巨大的柱廊和带有两条走道的门廊。多立克柱式房间实际上是一座巴西利卡，通向王座室。王座室可能是一座殿堂，用于召开庄严的皇家会议。黄金广场的北侧有一个八角形的前厅，其屋顶是最为杰出的弓形穹顶之一。广场南侧有一座巨大的半圆水神庙，可能是夏季躺椅餐厅。画廊（Poikile、彩绘柱廊）指的是柱廊环绕的大型广场，其柱廊类似于一种希腊柱廊（xystus，供人们散步和学术交谈，是希腊式体育馆不可分割的一部分）。画廊的一个短边连接着哲学家室的西墙，靠近海上剧场。广场东侧是另一组建筑，其中最著名的是体育场和夏季餐厅（cenatio，供官方宴会使用的餐厅）。

　　接着是一组房间，包括小浴室、大浴室、前厅和坎努帕斯。坎努帕斯是古代最著名的建筑群之一，它占据了一片巨大的狭长谷地，有一条长长的水道，其短凸边竖立着柱廊，柱廊顶部支撑着混合线（直线、曲线等各种线混杂）装饰的楣梁。水池的两个长边竖立着其他柱廊，最初还装饰着著名希腊雕塑的复制品。这片谷地在塞拉皮斯神庙处形成闭合。塞拉皮斯神庙是一座巨大的开放式半圆室，覆盖着平凹交错的半圆顶。

一个巨大的M形躺椅表明，这座建筑是一座壮观且优雅的夏季餐厅，其设计灵感源于埃及神庙，与毗邻的湖泊融为一体。实际上，在古代，亚历山大港与坎努帕斯城通过一条水道相连，而在坎努帕斯就有一座著名的塞拉皮斯神庙。该水道和城镇以派对和宴会闻名，在帕莱斯特里纳著名的尼罗河马赛克镶嵌画上可以看到类似的场景。安提诺斯是一位俊美的少年，也是哈德良的男宠，后溺死于尼罗河，皇帝为此陷入了深深的痛苦。所以，在此处发现安提诺斯的美丽雕像并非偶然。

这件精美的马赛克镶嵌画来自哈德良别墅，是一件复制品，原作出自珀加蒙的索苏斯。索苏斯是普林尼非常欣赏的希腊艺术家。从希腊引进的马赛克艺术受到了罗马人的青睐，并在帝国时期得到进一步完善。2世纪起，马赛克工艺臻于完美，以至于马赛克艺术家的技艺可以媲美画家，并且追求表现出更加细微的差别。这种类型的装饰风格多样，但主要是几何和具象的自然主义风格。镶嵌物（tesserae）通常为立方体，可能由石头或玻璃制成，取决于使用方法。它们通过一层有黏性的灰泥被固定在底板上，在其上绘制基本设计。各种墙壁和地板马赛克使用了蠕虫状纹样工艺（一行行波浪般起伏的镶嵌方块就好像蠕虫一般），由于镶嵌物体积很小且颜色丰富，这种工艺可以使作品更加精致。而碎块形工艺使用的是体积更大和不规则的彩色大理石碎片。

奥斯提亚，
繁忙的港口城市

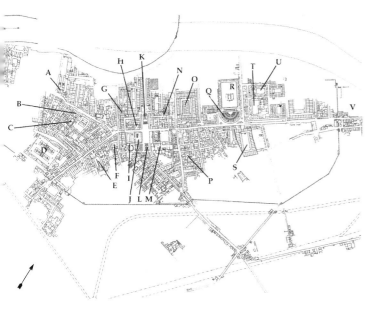

古奥斯提亚

A 图拉真市场

B 塞拉皮斯之家

C 七贤浴场（Seven
Seers' Baths）

D 花园住宅

E 图拉真学院

F 市场

G 厄帕戈蒂亚纳
（Epagathiana）栈房

H 库里亚

I 圆形神庙

J 巴西利卡

K 卡皮托尔神庙

L 罗马和奥古斯都神庙

M 广场浴场

N 戴安娜之家

O 大栈房

P 福尔图娜之家

Q 剧场

R 行会广场

S 霍尔滕西乌斯
（Hortensius）栈房

T 涅普顿浴场

U 警备队营房

V 罗马城门墓地

奥斯提亚是古罗马的贸易中心，其名称"*ostia*"源自"*ostium*"一词，后者意为入口，因其靠近台伯河口。相传，奥斯提亚由国王安库斯·马尔西乌斯建立，但其最早的遗迹可以追溯到公元前4世纪初，可能与罗马殖民地最初的核心区域有关。该城是一座典型的军营（*castrum*），被矩形城墙包围，城内两条主干道垂直相交。可能曾有过几座神庙，但没有广场。

共和时代中叶，奥斯提亚的港口保证了罗马的谷物供应，发挥了极其重要的作用，尽管如此，它仍然是一个沿海军事前哨。布匿战争期间，奥斯提亚是对抗迦太基的海军作战基地之一，曾经拥有一支由30艘舰船组成的长期服役的支队。和拉丁姆地区的其他城镇一样，奥斯提亚在苏拉时代就从军营驻扎地转变为贸易城镇。新城墙包围面积达69公顷（是原来军营的30倍），到帝国时代略有增长。该时期还掀起了一股建筑

182

热潮，部分原因在于新的建筑技术的引入。这些建筑技术逐渐适应了日益复杂、灵活变化的建筑要求。人们在城里建造了许多神庙，如宏伟的赫拉克勒斯神庙。富裕家庭的住宅是典型的希腊 – 罗马式建筑，带有中庭，更为富裕的家庭还修造了柱廊。他们的住宅开始分布在主要道路旁。与罗马不同的是，奥斯提亚的私人建筑遗迹仍保存完好，因此，我们可以看到它们的发展历程和各种各样的建筑形式。两种基本的住宅类型为：宅院（单户型住宅）和公寓楼（大型多层公寓）。从公元前 1 世纪开始，有些公寓楼的底层开始作为商铺使用，出售各种商品。奥古斯都时期，罗马进行了大规模的改建。受到罗马的影响，奥斯提亚开始注重提升建筑的美观度。具有重要意义的罗马和奥古斯都神庙建在广场区域，其优雅的大理石装饰代表着新的建筑风格，是帝国时代纪念性建筑的先驱。剧场最初可容纳 3000 名观众，其历史可追溯至同一时期，受到由庞培和马塞鲁斯修筑的类似罗马建筑的影响。剧场后方是柱廊环绕的行会广场，同剧场一起构成了一个宏伟的建筑群。城镇的各个区域开始建起越来越多的栈房（用于储藏谷物和其他货物），体现了奥斯提亚日益增长的贸易活动。提比略和卡利古拉统治时期，奥斯提亚架起了一条渡槽，为各大浴场供水。克劳狄皇帝则下令在台伯河口以北修建第一座港口。在那之前，由于台伯河口堆积了危险的沙洲，船只很难到达河港，海上贸易受到了严重阻碍。图密善统治时期，城市人口不断增长，于是皇帝下令大规模改造城市，这一工程最终由图拉真完成。克劳狄时期的港池已经开始淤塞，图拉真便下令挖掘了一个六边形港池，从此永久性地解决了罗马的港口问题。港池现代化的构造可以容纳庞大的亚历山大商船舰队（每年为罗马运输 15 万吨谷物），以及其他与东方进行贸易往来的船只。这些船只可以直接停靠在台伯河口，而非波佐利（此前一直是第勒尼安海的主要港口）。围绕新码头发展起来的独立小镇叫作波尔图斯（Portus）。图拉真还在广场上建起库里亚、巴西利卡和许多浴场。在这一时期，奥斯提亚主要发挥着贸易功能。那些无法立刻被罗马市场吸收的产品，如谷物、油和酒，都储存在奥斯提亚。大型商船上的货物被转移到更小的船只（*codicariae*）上，这些小船由几队牛沿着台伯河拉到罗马。整个社会被划分为不同的行会，负责维护和增进各行业的利益。每个行会都设有一个总部（*schola*），用于举行会议和典礼。

哈德良和前任皇帝一样，对城镇进行了重新规划，赋予广场最终面貌。哈德良下令修建卡皮托尔神庙[1]（坐落在柱廊的两翼之间，一如位于其前方的罗马和奥古斯都神

1　卡皮托尔神庙（Capitoline Temple/Capitolium）可以指所有供奉卡皮托尔三主神（朱庇特、朱诺和密涅瓦）的神庙，但最初其专指卡皮托林山的朱庇特神庙。卡皮托林山之名也直接来源于这座神庙。

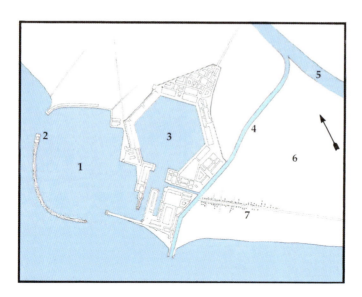

**图拉真
港口**

1 克劳狄港口
（42—64）

2 灯塔

3 图拉真港口
（100—112）

4 运河

5 台伯河

6 圣岛

7 墓地

左图　图拉真时期挖掘的六边形港池是克劳狄港的延伸。已经废弃的克劳狄港离菲乌米奇诺国际机场不远，保留至今。新的港区发展迅速，吸引了一些来自奥斯提亚的工人，他们很快就移居到此地，建立了一个新的城镇，即波尔图斯。图拉真港口占地 32 公顷。

跨页图　奥斯提亚曾经坐落在台伯河口和大海之间，而如今离大海有几千米远。直至 2 世纪，奥斯提亚都是罗马的主要港口，后来逐渐被附近的波尔图斯取代。帝国时期，它曾是一个富裕的国际都市，居住着业务繁忙的中产阶级商人；被遗弃后，这座城市就变成了废墟，被台伯河的沙砾掩埋。如今，奥斯提亚是意大利最重要的考古遗址之一。

庙），以及一片住宅区，配有诸如涅普顿浴场和警备队营房等。花园住宅建筑群位于一个豪华住宅区内，同样是该时期的建筑。在许多区，城镇旧贵族的宅院被拆除掉，为日益崛起的新阶级腾出空间建造出租公寓楼，新阶级不仅包括富裕和有权势的商人，还包括文职人员和体力劳动者。由于人们越来越多地使用砖块和混凝土，这种新型建筑得以发展起来，同时产生了许多新的建筑式样。很多建筑幸存下来，包括分布更为密集的劳动阶级的住宅，其柱廊庭院周围分布着各式房间，通常装饰着马赛克镶嵌画。2 世纪时，商铺的数量达到 800 多个。实际上，它们不仅是零售商店，还是小型手工作坊，店主通常住在商铺的阁楼里。安东尼努斯·皮乌斯完成了奥斯提亚的重建工程（从

跨页图 行会广场由一片巨大的四边形区域组成，三面环绕着柱廊，柱廊后是贸易和航运商的办公场所。他们用马赛克标志作为广告。

下图 这座剧场始建于奥古斯都时代，在塞普提米乌斯·塞维鲁统治时期被完全重建。观众席和外部的柱廊一样，在挖掘过程中完全重建了。残存的舞台后方是行会广场。

哈德良时期开始）；奥斯提亚比庞贝面积稍大，共有 5 万居民。主要的重建项目包括广场浴场（奥斯提亚最大的浴场）、皇宫和一些大型出租公寓楼，包括戴安娜之家和御车夫之家。

　　奥斯提亚是个海滨城市，对外来影响尤其包容，在宗教领域也是如此。安东尼王朝时期，许多东方宗教流传进来，数量极多的密特拉神龛可以印证这一点。安东尼家族的最后一位皇帝康茂德修缮了剧场，组建了一支新的谷物运输舰队，重建大栈房，并建起新的栈房。奥斯提亚的发展已经达到了巅峰，正处于极度繁荣时期。康茂德之后，建筑工程停了下来；塞维鲁王朝的皇帝们专注于修缮和重建工作，因为他们的主

跨页图 在奥斯提亚挖掘时，人们在公共建筑和私人住宅里发现了许多精美的马赛克地板。

下图 帝国末期，奥斯提亚的许多住宅装饰华丽。

要目的是升级贸易基础设施。一条新的海滨道路——塞维利亚那大道（连接着泰拉奇纳港口与奥斯提亚和波尔图斯）——开启了。台伯河上半圆形集市的建造、栈房的扩建、行会市场及其柱廊的重建可能都开始于该时期。这座独特的纪念性建筑（行会广场）和其中的马赛克镶嵌画为我们提供了奥斯提亚贸易活动的宝贵信息。铭文和马赛克中的图案涉及帝国各地的船主和商人，以及当地的行会。其他纪念性建筑还有卡拉卡拉凯旋门和圆形神庙，后者是城镇中心最后的大型公共建筑，可能在戈尔狄安家族统治时期完工。3世纪中期，帝国正处于严重的政治和经济动乱中，也给奥斯提亚带

广场的中央矗立着哈德良修建的卡皮托尔
神庙（奥斯提亚最宏伟的神庙），供奉着
朱庇特、朱诺和密涅瓦三位神灵。

来了危机。在未来的几十年里，诸如栈房和公寓楼等许多建筑物都被遗弃了。城镇的大部分商业活动都转移到波尔图斯。由于国家需要严格控制物资供应，所以权力都集中在罗马食品供给部的长官手里。戴克里先和君士坦丁统治时期，情况有所改善。至此，奥斯提亚已不再是繁荣的贸易城镇，而只是一个行政和代表性中心。新的建筑仅分布在主要街道附近，内部区域逐渐废弃。随着公寓楼的闲置，一些贵族的宅院开始重新建造。这些宅院都是幽僻的豪华别墅，犹如旧式的共和贵族府邸。5世纪起，危机变得不可逆转。建筑工作陷入停滞，甚至连渡槽也被废弃了，人们开始在大街上挖井。最后，连阿拉里克率领的西哥特人也忽视了这座城市，奥斯提亚城失去了吸引力。6世纪下半叶希腊－哥特战争期间，在波尔图斯陷落后，人们开始沿着台伯河向罗马输送补给物，奥斯提亚城才派上用场。最终，在9世纪，这座城市被萨拉森人洗劫一空。与庞贝城不同的是，奥斯提亚的衰落是缓慢的，这让它的发展历史变得非常复杂，这一点可以从跨越九个世纪的出土文物中看出来。

在奥斯提亚，我们可以看到不同城市建筑的发展历史。尤其是公寓楼，这一建筑很常见，且证据充分可考。因其外观和居住区域的布局，公寓楼可以说是现代公寓建筑的先驱。这种出租住宅通常有四到五层，建筑正面俯瞰着道路，背面对着内部庭院或花园，建有许多窗户和阳台。楼梯通向各个住房（cenacula），住房入口面朝内部楼梯平台。有些公寓楼的厕所是公用的，通常位于一楼或是小房间里，这些厕所共用一条污水管道。奥斯提亚的公寓楼主要是为中产阶级设计的，较为奢华，建筑宽敞通风，装饰着壁画和马赛克，甚至在楼上也配有自来水。

在一些建筑里，人们在厨房旁边的房间里发现了浴缸的遗迹。这幅图重现了戴安娜之家和周围建筑的场景。一楼是一排商店，顶楼住着商铺主人，通过建筑正面的小窗户提供照明。楼上房间里的图案装饰来自奥斯提亚的其他公寓楼，几乎都是简单的色块，有时点缀着一些比较少见的图形或几何图案。图中结构的横截面只是为了展示奥斯提亚建筑的墙壁和地板装饰。

赫库兰尼姆，
一座神秘的城市

赫库兰尼姆

A 奥古斯都祭司学院

B 城市浴场

C 隔板之家

D 巴西利卡

E 双百年祭宅邸

F 涅普顿和安菲特里忒之家

G 焦黑家具之家

H 鹿之家

I 郊区浴场

J 健身围廊

　　赫库兰尼姆（今埃尔科拉诺）是坎帕尼亚地区的一个著名城镇，位于那不勒斯以东 8 千米处，于公元 79 年被维苏威火山摧毁。城市的名称源自传说，相传是赫拉克勒斯建立了这座城市。赫库兰尼姆先后被希腊人和萨莫奈人占据，最终在公元前 307 年被罗马征服。在公元前 89 年的同盟战争中，苏拉派攻下赫库兰尼姆，授予其自治市的地位，并将罗马殖民者派往这里。许多贵族别墅就是在共和时期建造的。

　　长期以来，人们一直以为，赫库兰尼姆所遭受的碎屑流冲击远没有庞贝、奥普隆蒂斯和斯塔比亚的强烈，而是后来才被火山山坡上堆积的大量泥浆所覆盖，这是由灾难后的大暴雨导致的。因此，人们认为大多数居民设法逃走了，也许是经由大海。实际上，挖掘发现，城镇里的骸骨很少。而最新研究和在港口发现的数百具人类遗骸表明，整个城镇曾被一团有毒气体覆盖，然后被一股低温熔岩流淹没。只有那些在火山爆发的一开始就逃到那不勒斯的人幸存了下来，其他人可能不愿离开自己的家，他们犹豫了很久，在最终决定逃离的时候已经太晚了。在一片恐慌中，他们试图乘坐码头边的船只来躲避灾难，但海浪越来越猛，每一次尝试都失败了。他们绝望地躲在港口附近的服务大楼里，因维苏威火山释放出的有毒气体窒息而死。这些保存完好的骸骨（超过 200 人）为我们研究古罗马人的生活方式、疾病和饮食提供了珍贵资料。在火山爆发后的几天里，碎屑流侵入街道，在某些地方达到 16 米的深度。碎屑流慢慢变干后，会凝固成石灰华，将覆盖的东西保存起来，包括木头、皮革、纸莎草纸、植物纤维和食物等有机材料。由于其完好的保存状态，人们对赫库兰尼姆的家庭书房和家具产生了极大的研究兴趣，还意外发现了一些书面文件和文学手稿（著名的纸莎草书卷）。第一次尝试挖掘是在 18 世纪早期，剧场被挖掘出来，其中的许多大理石和青铜雕像已不复存在。1738 年至 1765 年，波旁王朝卡洛二世下令挖掘了很多竖井，这给遗迹造成了巨大破坏，却使宏伟的纸莎草别墅得以发现。

1828 年至 1865 年，人们尝试使用和在庞贝城用过的相同技术来挖掘整个城镇，但由于火山岩太过坚硬，这项工作就被终止了。后来的挖掘工作也中断了，因为建于赫库兰尼姆上的现代城镇离遗址太近。直到 1927 年，挖掘工作才有系统地重新开始，到目前为止，七座公寓楼已经被挖掘出来。[1] 城镇的大部分地区，包括一些主要的公共区域，仍有待挖掘。

尽管已挖掘区域的面积非常小，但已揭示了城镇的垂直布局，其地表面积是庞贝城的五分之一。赫库兰尼姆最初被城墙环绕，并被划分为几块向大海延伸的阶地。典型的公共建筑包括剧场、广场浴场、郊区浴场和体育馆。通过地下通道，人们对剧场进行了充分探索，但该建筑仍埋在地下。剧场是典型的罗马布局，外观一定十分优雅；舞台装饰着精美的大理石，以及旧米黄、白绿纹和非洲大理石柱，整座建筑装饰着无数的青铜雕像和雕塑。体育馆周围环绕着柱廊，中央有一个装饰着青铜喷泉的十字形游泳池，一定同样壮观。然而，在考察其住宅后，赫库兰尼姆的真实面貌才展现出来。住宅的变化最为迅速，也预示着房屋经纵向上发展的趋势在随后几十年里普及开来。过渡时期的典型建筑是网格屋，这是一种传统的公寓楼建筑，便宜且空间利用合理。木隔板之家（Wooden Partition House）和焦黑家具之家也特别有趣。

赫库兰尼姆的面积比庞贝小，可以说，艺术在这里得到了更大程度的体现。人们在公共建筑里，尤其是在纸莎草别墅里，发现了许多青铜雕塑。纸莎草别墅在如今考

1　本书相关数据与记录都截至原书出版的 1996 年。

古遗址的西北方，位于地下 20—25 米深。至今，该建筑仍被埋在两个石化层之下，第一层于公元 79 年形成，第二层是在 1631 年火山喷发后形成的。这座别墅如此重要，是因为其中陈列的大量雕塑（58 尊青铜雕塑和 21 尊大理石雕塑）以及藏有纸莎草书卷的图书馆。目前为止，人们已经发现了 1785 张书卷，还有许多书卷已经遗失，因为在 18 世纪中期时，人们将其误认作煤块。纸莎草书卷中包含哲学著作，大部分来自加大拉的享乐主义者菲洛得摩斯，还有一些拉丁语文本，包括《亚克兴战役》（*De Bello Actiaco*）。与庞贝不同，赫库兰尼姆不是主要的工业和贸易城镇，其主要活动是手工艺和一些次要的艺术。这一点可以从许多现存的商铺里看出来，比如陶工、大理石雕刻工、纺织工、染匠、面食制造商和葡萄酒小生产者的作坊。根据希腊地理学家斯特拉

左上图 宝石之家因挖掘出的一枚克劳狄时期的浮雕宝石而得名。中庭和水池保存完好，穿过带有两根圆柱的内院，通向家史存档室和后方的花园。

左下图 城市浴场位于城镇中心，建于朱里亚·克劳狄王朝时期，采取传统设计。沿着墙壁可以看到洗浴者放衣服的架子。

右上图 这张图展示了忒勒福斯（Telephus）浮雕之家的中庭，这座贵族住宅建有几层楼，布局极为不规则。墙上鲜红色的灰泥和制作圆柱的不同材料非常有趣。

下页图 郊区浴场非常豪华，其历史可以追溯到弗拉维王朝。该建筑呈现出一些新特征，如采光和通风井。图中的前厅就是一个例子，光线从拱顶的开口穿射进来。中央的水池承接从阿波罗半身像的出水口里喷出的水流。

上页图 1750 年，人们在纸莎草别墅里发现了一批杰出的艺术作品，大约有 90 件青铜和大理石雕塑，其中包括古典和希腊风格的复制品、希腊重要名人的肖像，以及一些装饰物。在这座富裕住宅的柱廊里，人们发现了图中这尊华丽的雕塑（达那伊得斯姐妹中的一位），以及另外四尊类似的女性雕像，也属于第一批出土的雕塑。起初，人们认为这五个女孩是在表演一种宗教舞蹈，后来才知道她们都拿着双耳罐（如今已丢失）。于是，这组雕塑和达那伊得斯的神话联系在一起。达那伊得斯是达那俄斯的美丽女儿们的总称，她们在新婚之夜杀死自己的丈夫，后被惩罚在地狱里不停地向无底桶里灌水。由于这座建筑过于奢华，人们认为该别墅属于卢西乌斯·卡尔普尔尼乌斯·皮索，即恺撒富有的岳父。

本页图 这张俊朗的男性面孔取自一尊雕像，雕像描绘了一个正在与对手（也是由青铜铸成）搏斗的摔跤手。该雕塑群是在纸莎草别墅里发现的，如今在那不勒斯考古博物馆展出，庞贝和赫库兰尼姆出土的许多艺术作品都在该博物馆展出。最新研究让我们对赫库兰尼姆的这座著名别墅又有了新的发现。研究是通过地下通道展开调查的，这些通道在 1765 年被封闭，继而"不知所踪"。

左上图和左下图　奥古斯都祭司（负责主持祭拜神化的罗马皇帝的祭司）学院巨大的内室里装饰着华丽的壁画。其中，描绘赫拉克勒斯（赫库兰尼姆城以他的名字命名）与密涅瓦和朱诺的壁画尤其精美。

跨页图　涅普顿和安菲特里忒之家的名字来源于一块华丽的马赛克镶嵌板，上面描绘了两位海神，用来装饰室外躺椅餐厅的墙壁。这座住宅一定属于某位富有的商人兼艺术爱好者，颇具上流精英的高雅品位。人们在不同的房间里发现了大量的青铜器和大理石浮雕，以及躺椅餐厅里奢华的装饰。其马赛克镶嵌画的主题在罗马十分罕见，而在希腊艺术中很常见，表明了主人对高雅的追求。

博的记载，赫库兰尼姆因为宁静宜人的自然环境，成为罗马贵族和附近那不勒斯居民经常光顾的度假胜地。他们奢华的柱廊式住宅占地极大，迫使穷人向上扩建住宅，结果产生了各种有趣的建筑式样。尽管挖掘十分困难，但只有进一步挖掘才能揭开这座地下城市的秘密。

庞贝，从火山灰中复活的城市

古庞贝

A 阿波罗神庙
B 朱庇特神庙
C 广场
D 欧马齐娅楼
　（Eumachia's Building）
F 维提之家
F 三角广场
G 中心浴场

H 角斗士宿舍
I 剧场
J 音乐厅
K 百年祭宅邸
L 帕库伊乌斯·普罗库卢斯之家
　（Pacuius Proculus' House）
M 大健身围廊
N 圆形剧场

上页图　建于公元前 2 世纪的阿波罗神庙矗立在广场附近，位于 48 根科林斯式圆柱组成的柱廊中央。在柱廊较长一边的前方，矗立着一尊持弓阿波罗铜像，如今由一尊复制品代替。公元 62 年地震后，该神庙得到修复。

　　约公元前 8 世纪末，奥斯坎人在维苏威火山最南端的山坡上建立了庞贝古城。后来，伊特鲁里亚人统治了这里，希腊人也统治了一小段时间。公元前 5 世纪末，庞贝落入萨莫奈人之手，直到公元前 310 年，庞贝与罗马结盟。同盟战争后，庞贝获得自治市地位，其居民（属于梅内米亚［Menemia］部落）被授予罗马公民身份。公元前 80 年内战结束后，庞贝成为罗马殖民地，独裁者苏拉的侄子普布利乌斯·科尔内利乌斯·苏拉将其命名为科尔内利乌斯－维纳斯－庞贝（*Cornelia Veneria Pompeianorum*，意为"受维纳斯庇护的科尔内利乌斯的殖民地庞贝"）。

　　在苏拉派的资助下，庞贝城得到了修缮，新建了诸如浴场、音乐厅、广场上的卡皮托尔神庙和圆形剧场等公共建筑，铺设了街道。随着时间的推移，新旧居民融合在一起，奥斯坎语保留了下来，拉丁语则成为庞贝的官方语言。整座城镇由大约 100 个十人长管理，并由两人执政官和营造官协助管理，这些人组成了类似于元老院的机构。庞贝也有各种各样的宗教机构，如奥古斯都祭司团和崇拜拉列斯神的守护者。和罗马一样，庞贝也以区划分，分为街区和区（*pagi*），十字路口矗立着拉列斯神殿。房屋外墙涂鸦的选举海报上通常记录着这些区的名称。从公元前 27 年开始，庞贝经历了一段激烈的罗马化时期，由此导致了执政阶层的重组，苏拉的支持者被排除在外，与皇室

上图 公共喷泉在庞贝的街道上随处可见，迄今为止已经发现了40个喷泉，每个间隔不超过80米。因此，没有私人供水的居民总能在离家几米远的地方找到水源。

中图 公元前2世纪末期的巴西利卡遗址位于广场的西角，是这种建筑现存最古老的样本之一。巴西利卡本是用作法院和商贸会议的地点，后来不断发展，成为典型的早期基督教建筑。

下图 大剧场建于公元前2世纪—前3世纪，虽然曾在奥古斯都时期扩建，但仅受到希腊建筑风格的轻微影响。观众席建在山坡上，不像后来的由砌体结构支撑的罗马建筑。

关系更密切的新氏族占据主导地位。在这种政治环境下，符合罗马官方文化的新艺术和建筑风格被引入。

公元 62 年 2 月 5 日，一场灾难性的地震袭击了庞贝和附近的其他城镇，如赫库兰尼姆。在卢西乌斯·塞西里乌斯·约肯德斯（Lucius Cecilius Jocundus）家中神龛的浮雕上，可以看到关于地震的图画记录，其中描绘了许多受到冲击波影响的城镇建筑。损失极其严重，以至于修复工作持续到十年之后。在此之前，贸易一直是庞贝城的主要活动，地震后，贸易让位于狂热的建筑工程和相关的投机买卖。而最糟糕的情况还在后面。

公元 79 年的一个早晨，一片松树状的云团遮住了维苏威火山。这是火山喷发的可怕前兆，不久，这座城市就会被淹没。火山石碎屑连续轰击了四天，堆积到几英尺（约一两米）深，伴随着有毒气体和火山灰雨，以及频繁的地震。许多逃亡者窒息而死，他们以各种姿势倒在地上，被火山物质掩埋。他们的尸体在石灰华里留下了印记，考古学家发现后，在其中灌满石膏，便得到了最令人印象深刻的庞贝毁灭的证据。目睹此次灾难的小普林尼详细记下了这一悲惨的时刻。他的舅父老普林尼是著名的博物学家，也是驻守在米塞努姆（Misenum）的舰队提督，在试图救助灾民时死于斯塔比亚的海滩上。小普林尼向塔西佗讲述了当时的可怕状况，他这样写道："你能听到妇女在呻吟，孩子在哭泣，男人在喊叫；有些人在大声呼喊他们的父母，有些人在寻找孩子，有些人在找自己的伴侣，他们通过声音辨认彼此；有人因为害怕死亡而乞求神明；许多人举起手臂，向众神求助，但也有更多人说再也没有神灵了，这是世界的最后一夜……"可以说，庞贝是全世界考古学史上最著名的地方。这座被掩埋的城镇于 1748 年被人们发现，第一次系统挖掘始于 1860 年，紧接着便开始了修复工作。多年来，技术越来越先进，修复工作也越来越完善，甚至可以识别出庞贝花园里树木和灌木的种类。如今，尽管还有五分之一的城区未被挖掘，但庞贝已从黑暗中复活过来，吸引着数百万的游客和研究人员前来参观。考古遗址见证了庞贝城的文化和生活方式，这是一座在最辉煌时期突然被掩埋和封印的城市，因而也未曾像其他城市一样经历过衰落和被遗忘。考古挖掘能够清晰地揭露庞贝城的各个发展阶段。

萨莫奈时期，庞贝的发展达到了巅峰。当时建造了一批对公共生活至关重要的建筑（广场、三角广场建筑群、巴西利卡、萨莫奈体育馆和斯塔比亚浴场），以及中庭住宅和强大的防御工事。苏拉时期的大型公共建筑巧妙地融入了城镇先前的布局，使之更加完整和丰富。圆形剧场旁的体育馆、市场、欧马齐娅楼、福尔图娜 – 奥古斯都神庙和韦斯帕芗神庙都建于朱里亚·克劳狄王朝时期，而城镇的布局基本没有改变。罗

上图 在某种程度上，绘画是罗马艺术最原始的表现形式。这张图展示了维提之家的一个房间，维提之家是庞贝最宏伟的住宅之一。公元62年地震后，这座住宅得到了大规模的修缮，并使用了大量的壁画。这些壁画融合了第三和第四风格，以明亮的色彩营造出绝佳的透视效果；绘有神话题材的画面与建筑架构交替出现。

下图 皮那留斯·凯里亚利斯（Pinarius Cerialis）是一位技艺高超的石工，他拥有一座小而雅致的住宅。一楼卧室里两面墙上的壁画的灵感来自剧院布景。一幅描绘了欧里庇得斯的悲剧《在陶里斯的伊菲革涅娅》中的人物，这部作品为庞贝的许多画作带来灵感；另一幅（如图所示）描绘了《帕里斯的裁判》。这一场景展现了画家完美的技术和对空间组织的高超把握。非常遗憾的是，那时的画家不在作品上签名。庞贝城唯一流传下来的画家的名字是卢西乌斯，而关于此人的信息未有任何记载。

马时代，城镇用水是由塞里诺渡槽的一个分支提供的，水从渡槽被输送到维苏威门附近的堡垒，然后运到浴场、公共喷泉和富裕家庭。喷泉附近通常装有压力柱，向城市的各个区域供水。庞贝有两座广场。第一座广场环绕着多立克式柱廊，柱廊上方还有一层爱奥尼亚式长廊，呈现了建筑被摧毁时的系统布局。广场较短的一侧矗立着卡皮托尔神庙和库里亚，周围矗立着神庙、巴西利卡、室内市场、市场、两座凯旋门和原来的欧马齐娅楼，该楼的名称来自当地纺织商和染色商赞助人的名字，纺织和染色是该城最繁荣的产业。

静物画是一种很常见的体裁，不仅仅出现在庞贝，这类画作体现了罗马画家的敏锐性和表达技巧。而奇怪的是，与壁画家相比，人们更加关注架上画家，普林尼认为只有架上画家才值得称道。不幸的是，绘画的材料非常容易腐烂，只有极少数罗马时期的碑板上的画保留下来，而其中几乎没有来自意大利的画作。因此，除了个别杰作外，这些壁画家都是具有创造力和想象力的装饰工，而非真正的艺术家。

　　第二座广场建在一个狭窄的三角形空间里，周围坐落着剧场（其最古老的部分可以追溯到公元前 2 世纪）和音乐厅（一种小型室内剧场）。圆形剧场位于城镇的东南角，可以容纳两万名观众。该剧场建于罗马殖民地早期，建筑外部配有几部双楼梯。其他公共建筑还有数量众多的体育馆和浴场。

　　然而，庞贝主要是因为私人建筑而出名。从建筑结构到装饰，再到家居陈设，除了赫库兰尼姆和奥斯提亚，如此全面的罗马住宅遗迹在世界上绝无仅有。宅院是庞贝最常见的住宅类型，发展始于公元前 4 世纪。幸存的建筑标本有萨莫奈时期的宅院，建有

跨页图　马赛克工匠通常从当地获取他们需要的材料。对于那些无法在当地找到的颜色，他们不得不使用进口的石头。因此，工匠们开始采用由玻璃浆制成的镶嵌物，从中可以得到任何想要的颜色。最早使用这种材料的马赛克镶嵌画发现于农牧神之家，在该镶嵌画黑色的背景中，一只猫扑向一只鹌鹑，画面栩栩如生。使用玻璃浆制成的镶嵌物的做法变得非常普遍，在铺设蓝色调的海景和亮绿色树叶时尤其常见。

下图　罗马的马赛克艺术已经达到了卓越水平，庞贝别墅的这幅尼罗河场景的马赛克就证明了这一点。至于马赛克镶嵌画的选材，工匠们常常从著名绘画中汲取灵感，将这些画作复刻成大型草图。轮廓碎片由马赛克设计师（*museiarii*）设置，底色由马赛克镶嵌师（*tessellarii*）铺设。

1831 年，人们在农牧神之家发现了现存最大的古典时期的马赛克镶嵌画。该画由极小的镶嵌物制成，描绘了公元前 333 年亚历山大和大流士三世之间的伊苏斯之战。人们认为，这幅杰作的灵感来自于公元前 4 世纪的一幅希腊画作，制作时间在公元前 1 世纪到前 2 世纪，镶嵌物取自当地材料。尽管使用的基本颜色十分有限，但高效利用了明暗色彩的对比。场景处理具有很强的动态性，人物的刻画也非常谨慎，尤其是画中的马其顿指挥官，没戴头盔就冲进了簇拥着波斯皇帝的骑兵群中。尽管这幅镶嵌画制作技艺高超，但我们仍能发现它缺乏独立的创造力，然而不可思议的是，在古罗马时期，复制并不会贬损作品的价值，这和如今的观点大不相同。

本页图 这幅华丽的第四风格画作是维提之家躺椅餐厅里的装饰品，富于想象力的建筑元素与阿波罗、阿尔忒弥斯和献祭公牛的形象结合在一起。尽管庞贝的画作保存得非常完好，但它们缺少了那种使它们像镜面一般的闪亮光泽。许多作家都曾提到这种光泽，但这种效果是如何达到的尚未明确。有人认为，通过覆盖蜡状物质或是用大理石粉抛光可以得到这种光泽，而专家们还未认可这一观点。

下页图 在维提之家躺椅餐厅的下半部分墙面上，装饰着一条美丽的饰带，黑色的背景衬托着从事不同职能的小天使。尽管庞贝的别墅在我们看来非常豪华，但由于家具数量少，所以看上去还是相当简陋，这就是为什么每个房间的墙壁都进行了大量的装饰。装饰的丰富程度显然取决于主人的财力和工匠的技艺。实际上，这座住宅属于两个品位高雅的富有商人。

下一跨页图 在这幅神秘仪式别墅的巨型壁画中，西勒诺斯正在拿酒招待一位年轻的森林之神，另一位森林之神将戏剧面具举在西勒诺斯的头顶上。庞贝壁画（和那些罗马时期的壁画）是由湿壁画技术（在石膏还未干的时候，将颜料涂在墙上）制成的，比文艺复兴时期的湿壁画保存得更好。在经过详细研究后，专家们仍未掌握这种绘画技术的本质，以及罗马画作耐久性的真正原因。但可以肯定的是，涂料上形成的碳酸钙薄膜（石膏中的熟石灰和空气发生反应的结果）起着重要的作用。用于获得各种颜料的材料广为人知，如西班牙朱砂的亮红色，氧化铜的绿色和树脂木炭的黑色。目前在庞贝发现了两件漆画作品。有些颜料的制作相当费力，价格也由此抬高，因此，法律规定，赞助人必须提供最为昂贵的材料，而画家负责创作最杰出的画作。

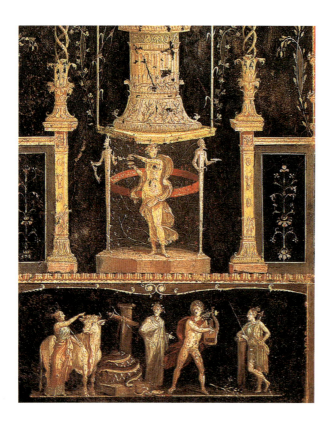

托斯卡纳中庭和巨大的外立面；共和时期的希腊式住宅，配有柱廊、粉刷过的墙壁和建筑元素丰富的外立面；帝国时期布局复杂的宅邸，内有精美的彩绘墙壁、长廊和观赏花园。许多幸存的壁画体现了当地人装饰品味的发展。第一风格盛行于公元前 200 年—前 80 年，受希腊风格的影响，是一种覆盖在方形大理石块表层的彩色灰泥浮雕的仿制品。第二风格也称为透视风格，含有建筑与风景的画面，流行于公元前 1 世纪。第三风格是一种扁平的、更为严谨的装饰风格，一直持续到公元 40 年。第四风格充满活力和想象力，形成大量的视错觉，在公元 62 年地震后流行起来。当地贵族居住在优雅的宅邸里，有些宅邸规模庞大（面积达 3000 平方米），通常用马赛克或彩色大理石地板装饰。许多宅邸在临街设有商铺，主要租给自由民或是由仆人管理，用于零售商品。庞贝城内有名

的住宅包括维提之家、农牧神之家和悲剧诗人之家。城郊散布着许多别墅，分为乡村别墅和贵族别墅两种类型。神秘仪式别墅（Villa of Mysteries）和奥普隆蒂斯别墅（Villa of Oplontis）的墙壁装饰尤为富丽堂皇，而博斯科雷尔的皮萨内拉别墅（Villa Pisanella at Boscoreale）则是研究农场组织的有趣对象。

除了住宅，庞贝还有许多商业场所，尤其是沿着丰收大道这条主要道路，比如作坊、染房、小酒馆（*cauponae*）、提供酒水的街角速食店，以及旅店，甚至还有赌场（*tabernae lusoriae*）。人们在住宅和商铺里发现了保存完好的室内装饰，如银器、不同类型的手工陶器、家具、玻璃器皿和各种用具。同样有趣的是，建筑的墙上仍可以看到大量的铭文、彩绘标志和涂鸦，为我们呈现了庞贝城生动的生活画面。

百年祭宅邸：
一个富有庞贝居民的宏伟宅邸

百年祭宅邸

　　百年祭宅邸于 1879 年挖掘出土，恰逢维苏威火山爆发后的第 18 个百年，该住宅也因此得名。这座宅邸占地极大，装饰着大量雕塑和 "*oscilla*"（一种悬挂在楣梁上的刻有浅浮雕的大理石和青铜圆盘），其最古老的部分可以追溯到公元前 2 世纪，之后曾在不同时期改建，并与邻近的房屋合并。最大的主中庭的墙上装饰着第四风格的小型画作。柱廊花园里有一座大理石喷泉，周围环绕着玫瑰花丛。下面的插图展示了百年祭宅邸从中庭到柱廊的剖面图。

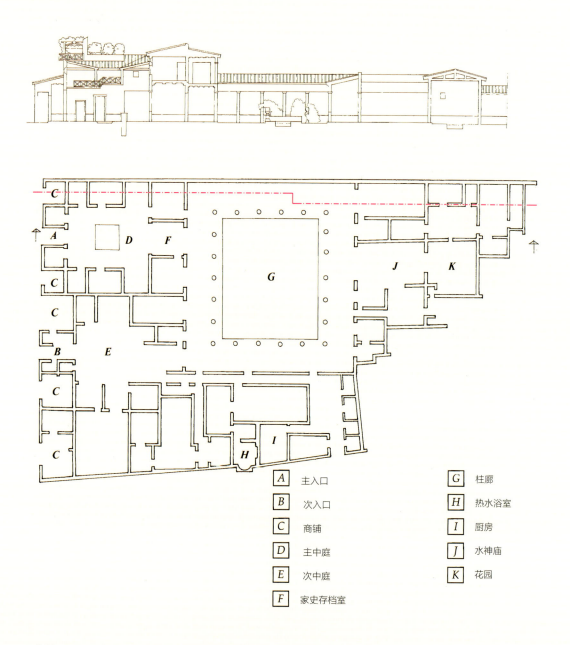

A	主入口	G	柱廊
B	次入口	H	热水浴室
C	商铺	I	厨房
D	主中庭	J	水神庙
E	次中庭	K	花园
F	家史存档室		

神秘仪式别墅

　　神秘仪式别墅建于公元前 3 世纪中期，之后在不同时期进行了扩建和装饰。该别墅因其著名的饰带（一种巨型壁画，即一系列真人大小的画作）而得名，也表明该时期人们开始举行崇拜酒神的神秘仪式。该杰出的壁画群包括 29 个真人大小的人物，位于一间单扇门的房间内，出自一位公元前 1 世纪的坎帕尼亚艺术家之手。由于对这种神秘仪式知之甚少，我们仍无法对各个场景做出准确的解读。一般认为，此处呈现的壁画是一个男孩正在进行阅读仪式，或是年轻的狄奥尼索斯正在接受教育。

著名的路德维希石棺上装饰的浮雕，描绘的是军团士兵和野蛮人战斗的生动场景，是罗马人长久不变的扩张主义的典型例证。当军事行动变成一种艺术形式，再加上对自身文化霸权的坚定信念，罗马成为历史上疆域最广和寿命最长的帝国之一。罗马艺术中频繁出现的战争题材体现了这种好战倾向。在这件浮雕中，马背上的指挥官被认为是德基乌斯的儿子霍斯蒂利安，于249—251年在位。

罗马帝国及其众权力中心

罗马各省的形成和组织架构

"行省"通常指的是意大利之外的罗马领土，它们被罗马征服或是和平兼并，由代行执政官和代行大法官级别的行政官（属于元老阶级，且曾在担任元老期间身居最高职位的公民）管辖。共和时期，意大利的居民享有特权，而其他地区的居民则必须缴纳财产税，因此，两者的法律地位有明显的差别。这种差别在后来不断缩小，最终，卡拉卡拉在212年将公民权授予罗马帝国的所有居民。而直到戴克里先统治时期，各省份才完全与意大利地区平起平坐。罗马的行省制度源于第一次和第二次布匿战争期间，罗马获得了西西里岛、撒丁岛和科西嘉岛，不久又设立了近西班牙行省和远西班牙行省。于是增设了四位拥有民政权、军事权和行政权的大法官来管理这些领土。他们在上任时颁布了一项法令，详述了省内城市和人口的管理法规。公元前146年，罗马控制了由伊利里亚和伊庇鲁斯构成的马其顿王国，同年，在迦太基故地建立了阿非利加省。公元前133年，罗马从阿塔罗斯三世手中继承了珀加蒙王国，在那里建立了亚细亚行省。最后，大约在公元前120年，罗马设立了纳尔榜南西斯高卢行省。

由于扩张的领土离罗马越来越远，现有的行政结构既无法满足这些领土的需求，也难以应对不断变化的政治局势，因此亟待修改。于是，罗马制定了"任期延长"的制度（*prorogatio imperii*），即在任期结束后继续任职。在这一制度下，执政官和大法官在任职一年后成为代行执政官和代行大法官，仍为政府行政系统的一部分。

公元前133年到公元前31年（亚克兴战役爆发之年），在一系列的军事行动后，罗马建立了本都行省、叙利亚行省和西里西亚行省。昔兰尼和比提尼亚的统治者也把他们的王国赠给了罗马。与此同时，国内的政治形势逐渐恶化，出现了独裁统治的风险；在个人独掌大权过长时，这种情况很容易发生。因此，庞培规定任职常任行政官和代职官（promagistrate）[1]之间必须有五年的间隔时间。

1　代职官指的就是之前提到的代行执政官（proconsul）和代行大法官（propraetor），他们一般都是卸任的执政官和大法官，卸任后可被任命为行省总督，所以后来"proconsul"甚至成为行省总督的代名词。

公元前 58 年起，尤利乌斯·恺撒开始了大规模的征服行动，在诸多军事战役中，他击败了努米底亚（后设立为新阿非利加行省）和长发高卢（今法国中北部，以及比利时和德国的部分地区）。公元前 49 年，恺撒将罗马公民权授予所有山南高卢（今意大利北部地区）的居民，扩大了意大利的领土。在奥古斯都的统治下，行省的数量大大增加。赢得亚克兴战役后，埃及被罗马吞并。随后，阿尔卑斯地区（滨海阿尔卑斯山、科蒂安阿尔卑斯山、莱提亚和诺里库姆）、达尔马提亚、潘诺尼亚和卢西塔尼亚，以及位于安纳托利亚东北部的加拉太纷纷被兼并。之后，行省体制得到了彻底修改，需要军队驻防的地区由奥古斯都直接控制，其他地区则由元老院管理。各省被划分为两类（元首行省和元老院行省），政府体系也随之改变。对于元老院掌控的省份，元老院必须从前执政官中选出总督（在亚细亚行省和阿非利加行省是强制要求）或是从前大法官中选出总督。所有抽签选出的总督都将获得代行执政官的头衔，任期一年（除非延长任期），由处理特定事宜的官员协助管理。皇帝凭借"高级代行执政官治权"（*imperium proconsulare maius*）[1]，可以影响总督的任命，这一特权将他置于所有总督之上。

名为"代行大法官级的元首副使"（*Legati Augusti propraetore*）的行政官统治着元首行省，他们由皇帝从元老中选出；前执政官被任命为军团规模最大的行省的统治者，前大法官则被任命为其他行省的统治者。他们配有官员协助管理，任期由皇帝决定。其他小行省置于奥古斯都的直接掌控下，由骑士团成员以"行省代理"（*proconsulares*）的名义进行管理。

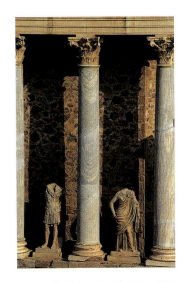

梅里达剧场始建于公元前 15 年，位于富饶的西班牙城市梅里达，由奥古斯都的女婿阿格里帕捐赠。经过精心修复，剧场已经得到部分重建，且装饰了原来的雕像。

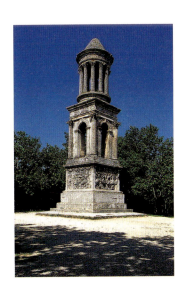

普罗旺斯的圣雷米，即古代的格拉诺姆（Glanum），坐落于纳尔榜南西斯高卢。那里仍有许多古罗马遗迹，其中最有趣的建筑是尤利乌斯家族的三层纪念碑，其历史可以追溯到公元前 1 世纪。

1　"高级代行执政官治权"要高于行省总督的"代行执政官治权"，此权力赋予元首在行省的权利，指挥驻行省的罗马军队的权力。

埃及因其特殊的政治、经济、文化传统，以及延续千年的习俗，受到了不同的待遇，被视为皇帝的私人财产。它由一名骑士军团的长官（*praefectus*）管理，该长官拥有军团的指挥权。过去的教训告诉奥古斯都，埃及有可能成为元老反对皇权的基地。最终，奥古斯都把一些地区留给代理王统治，并允许一些城市和宗教圣所保持一定程度的独立。不同行省的城镇有自己的法规或特权，但随着时间的推移逐渐被淘汰。比如，最初由军事殖民者驻扎的罗马公民殖民地可以免除税收，而其他城镇则保留"自由城市"和"同盟城市"的头衔，尽管其居民是外邦人，并非罗马公民。奥古斯都的规定一直持续到2世纪，直至戴克里先进行大规模重组。在帝国东部，个别省份曾保有的独立性渐渐消失；而在帝国西部，随着新殖民地的建立和边境地区大量军营的驻扎，罗马化逐渐开始。

这一时期的领土扩张主要是为了巩固边防。阿格里戴可美特和诺里库姆这两片日耳曼人的领土实际上保证了莱茵河–多瑙河边界的安全。在克劳狄的统治下，罗马征服了不列颠，建立了色雷斯行省、吕基亚行省和潘菲利亚行省。默西亚行省也是在朱里亚·克劳狄王朝时期设立的。最终，附属国犹太被提图斯征服，成为罗马的一个行省，由骑士军团管理。

而图拉真倡导扩张主义战略，在征服盛产金矿的达契亚后，他还宣布阿拉伯、亚述、美索不达米亚和亚美尼亚为主要行省。哈德良的政策更为谨慎，他宁愿放弃前人占领的一些土地，转而大力保卫边境；不列颠的哈德良城墙就是一个例子。

在塞普提米乌斯·塞维鲁的统治下，亚述和美索不达米亚再次成为罗马行省，努米底亚行省建立起来；叙利亚和不列颠被一分为二，加拉太的一些地区被划走，这样可以防止一个总督指挥过多的军团，更有利于边境的防守。

根据卡拉卡拉颁布的《安东尼努斯敕令》，212年，罗马公民权被授予所有罗马人。这一时期，帝国的情势尤其糟糕。在东方，萨珊人的势力越来越强大，而在西方，蛮族处于混乱中。这种难以控制的局面使得帝国政治越来越不稳定，频繁的战争加剧了经济危机。帝国的统一也遭到了严峻的考验。叛乱者波斯图穆斯是皇帝伽利埃努斯手下的一名将领，他在高卢、不列颠和西班牙建立了高卢政权。260年，巴尔米拉君主奥德奈图斯（Odenatus）宣布成立独立王国，他曾被授予"东方的军事统帅"（*dux orientis*）这一头衔。

之后，戴克里先发起改革，创造了一个高度分散的政权，旨在处理一系列严重的问题，包括边防和行省的行政事务。为此，个别行省的领土面积被削减，导致行省的总数增至90个。这种划分更容易管理，却破坏了行省的历史和文化独立性。各省由出身骑士军团的行省长官（*Praeses*）或行省摄政（*corrector*）来管理，而阿非利加行省、亚细亚行省和亚该亚行省仍由代行执政官管理，代行执政官亲自向皇帝报告情况。埃及继续由长官统

梅里达的戴安娜神庙建于1世纪末，是一座宏伟的科林斯围柱式神庙，外部环绕至少一排圆柱，列柱与内殿相隔一段距离。该神庙的内殿并未保存下来。

跨页图 剧场表演、马车比赛和角斗是罗马最经典的社会活动，在整个帝国都很受欢迎。因此，每个省都有公共娱乐建筑（就像如今土耳其的阿弗罗狄西亚剧场）。

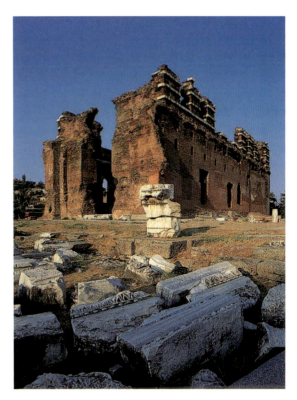

右图　珀加蒙位于小亚细亚，是阿塔罗斯王朝的首都，后于公元前133年并入罗马，在帝国时期（尤其是图拉真和哈德良时期）达到鼎盛。图中的红色大教堂（Kizil Avlu）就来自于该时期，它也许是一座巴西利卡，也可能是一座供奉东方神灵的神庙。

上页左下图　米利都是小亚细亚的一座古城，公元前2世纪时被罗马吞并，在帝国时期繁荣起来。附近矗立着一座阿波罗神殿，即建于希腊化时期的迪迪马神庙。刻有蛇发女怪头颅的饰带是哈德良时期增添的。

上页右下图　阿弗罗狄西亚是卡里亚省最繁华的都市。这座城市最原始的纪念性建筑是四面门（Tetrapylon，图中展示了其局部细节），这是一种朝向四个方向的拱门，由几组圆柱支撑。其历史可以追溯到2世纪中期。

治。各省的统治者仅保留民政管辖权，军事统帅（dux）把持军事管辖权，有时管辖多个地区。

　　新的行省被划分为13个管区，由主事统治，主事受4个大区长官管理。主事直接对皇帝负责，各省的统治者被剥夺了军事权，易于皇帝控制。军政权力的分离不仅有利于边防，更是为了防止驻扎在重要领地的总督倚靠大量兵力自立为王，

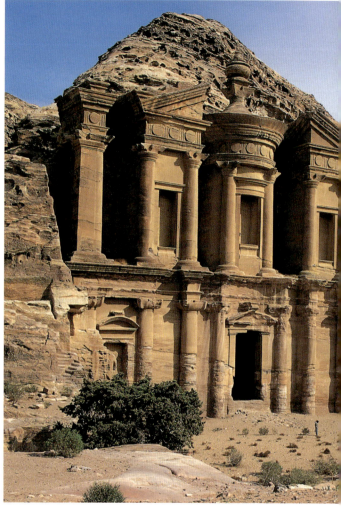

左图 这幅华丽的马赛克镶嵌画描绘了沐浴时大吃一惊的阿尔忒弥斯，现收藏于叙利亚苏韦达（古代称狄奥尼西亚斯［Dionysias］）的博物馆中。在这个曾经繁荣的商旅小镇上，可以发现大量希腊和罗马的遗迹，证明西方艺术曾在叙利亚传播。

跨页图 佩特拉是纳巴泰王国的古都，位于如今的约旦，于 106 年成为阿拉伯行省的首府。这座城市坐落在河流侵蚀的深谷中，由于空间有限，纳巴泰的主要纪念性建筑（大多为坟墓和神庙）于岩壁中挖凿。从 1 世纪中期至 3 世纪晚期的建筑外立面上可以看到罗马艺术的影响。在佩特拉，最能体现罗马风格，同时也最为壮观的纪念性建筑是这座修道院，这是一座单体巨石寺庙，正面高达 39 米。

这些军队通常从非法税收中获利。

意大利和帝国的其他领土一样（失去了一系列税收特权），被划分为两个管区：由意大利主事（*vicarius Italiae*）管辖的意大利补给管区[1] 和由罗马主事（*vicarius Romae*）管辖的意大利罗马管区[2]。君士坦丁和之后的继任者继承了戴克里先的工作，进一步完善了复杂的官僚体系。他们的主要目标是保护领土完整，以及筹集资金来维持军队的有效运转。这些费用由各省的居民承担，于是居民的税收越来越重。在帝国西部，这一复杂的行省制

---

1 意大利的补给管区（*Italia annonaria*），位于意大利北部，其拉丁名字意为"粮食供给的意大利"（Italy of the annona），*annona*（安塔纳）指粮食供给，后衍生出安塔娜女神。这个管区的居民有义务为米兰和拉文纳的法院、行政机构和军队供给粮食、酒和木材。

2 意大利罗马管区（*Italia suburbicaria*），位于意大利南部和中部地区，其拉丁名字意为"（罗马）城管理的意大利"。

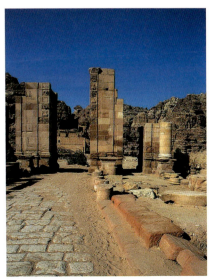

右图 古罗马时期，在河床被填平，为广场腾出空间后，佩特拉在谷底发展起来。广场周围有各大神庙、体育馆、浴场和商铺。主干道上横跨着一座凯旋门，共有三个拱门，后被地震摧毁。

度因野蛮人的入侵而终结，但在帝国东部继续保留下来，并且发生了根本性的改变。最有趣的史料之一是《百官志》，它详细描述了该时期帝国的组织架构。这份手稿内含丰富的插图，尽管有很多日期问题，但通常被认为是 4 世纪中期或晚期的作品，内容主要涉及军事组织方面。该文献按照重要性的顺序，详细描述了东罗马帝国和西罗马帝国的民政和军事官职，并记载了领土划分、协调架构和负责戍守边疆的军团。总之，殖民地作为母国的直接产物，在某种程度上是其领土的延伸，也是将罗马文明（包括语言、习俗、法律制度、艺术和文化）传播到狭窄的意大利疆域以外的基本途径。同时，殖民地也使得罗马帝国有机会吸收和调和外来因素，正是这些外来因素让罗马文明变得如此独特。

殖民地既是权力的象征，也是复杂社会的试验场。其复杂程度与日俱增，也愈加难以管理。这些殖民地吸收了多种多样的元素，在外观上表现为不断发展的纪念性建

上图 布拉雷吉雅（Bulla Regia）位于突尼斯的杰贝尔拉比亚（Jebel Rabia）的陡峭山坡上，是一座迷人的罗马小镇，后被哈德良设立为殖民地。除了许多公共建筑的遗迹，这座城镇还因一些大型别墅（图中展示了狩猎之家的细节）而闻名。这些别墅的各个房间面朝中庭，还有一层地下室。

下图 塞卜拉泰是腓尼基人建立的古港口，位于如今的利比亚，在尤利乌斯·恺撒统治时期成为阿非利加行省的一部分。这座城市曾盛极一时，直到4世纪才开始慢慢衰落。遗址中有一些特别有趣的纪念性建筑，比如这座考古现场发现的剧场（图中展示了其中的装饰元素），尚未得到完全发掘。

下页图 苏费土拉是一座罗马城镇，位于如今突尼斯的斯贝特拉附近，可能建于1世纪，在安东尼和塞维鲁王朝时期繁荣发展。在众多重要的遗迹中，最为有趣且保存完好的建筑是卡皮托尔神庙，其设计极富独创性，由三座独立的神庙组成，分别供奉着卡皮托尔三主神。

筑，这些建筑的结构比官方建筑更具创新性。这些元素经历了不同程度的转化和吸收，对帝国首都的品味产生了持续的影响。除了建筑，罗马的诗歌、装饰艺术、应用科学和宗教也在不断吸收新的元素，加以改进，最后辐射到帝国的各个角落，形成了一个持续的反馈环。虽然各行省存在差异，但它们之间的货币流通和思想交流仍在继续。非洲产的橄榄油在罗马以高价出售，不列颠矿山的锡出口到全国各地，高卢制造的马车行驶在帝国的大街小巷，希腊和犹太历史学家记载着罗马将领们的功绩。这种吸收不同元素以自我更新，且仍保留自身文化精髓的能力，连同其不断扩张疆域的雄心壮志，成为罗马文明的显著特征之一。

　　精明的罗马商人以及伟大罗马旅行家的足迹远至桑给巴尔和撒马尔罕，他们的贸易活动覆盖阿富汗的贝格拉姆，沿着恒河，直至中国的黄河两岸，以及印度的最南端。除了香料、上等织物、贵金属和艺术品，这些城市还向罗马和帝国的其他城市输出了多元的思想和元素，这些反过来又对遥远地区的民族和文化产生了深远影响。比如，人们在庞贝城发现了印度教丰饶女神拉克希米的雕像，在中国、印度和阿拉伯南部发掘出刻有罗马皇帝肖像的玻璃器皿、青铜器和钱币。

跨页图 杜加，古称土加（Thugga），是马
格里布（Maghreb，"日落之地"，指非洲
西北）的突尼斯保存最完好的罗马城镇之
一。公元 46 年，尤利乌斯·恺撒将其并入
阿非利加行省，105 年成为自治市，261
年成为罗马殖民地。阶地布局和不规则的分
布表明，该城市起源于古迦太基。而广场、
大剧场、浴场、凯莱斯提斯神庙（Temple
of Caelestis）和卡皮托尔神庙（如图所示）
则是其大规模罗马化的有力标志。该城市约
有 5000 居民，因丰富的泉水和平原肥沃的
土地而繁荣起来。

右图　杜加附近矗立着一座塔墓，其历史可以追溯到公元前 2 世纪。这座建筑十分有趣，它起源于迦太基，但相同的建筑设计出现在帝国许多地区的陵墓中，这也证实了罗马艺术的多元性。

上页右下图　奎库尔（今阿尔及利亚的杰米拉）在涅尔瓦统治时期成为罗马殖民地，于 2 世纪到 3 世纪发展到顶峰。这是一个以农耕为主的城市，在当时非常富裕。公共建筑有塞维鲁王朝时期的神庙，其遗迹保存至今。

　　罗马的遗迹存在于当今许多国家中，这些国家曾是罗马帝国领土的一部分。罗马殖民地的痕迹或多或少地表现在地区、城镇甚至是国家的名称里，现今欧洲的语言和方言（比如罗马尼亚语）里，许多共和国和帝国时期建立的城镇中，以及众多仍在通行的主要道路上（比如从苏格兰到叙利亚、从西班牙到匈牙利的道路）。因此，古罗马大量的建筑、历史和文化遗迹在现代文明的很多领域都是切实有形的。随着人们不懈地探索研究，罗马文明的更多细节正在逐渐浮现。

伊比利亚，经济繁荣发展的土地

罗马对伊比利亚地区的统治始于第二次布匿战争期间。在之后的几十年里，罗马人不得不镇压当地居民的多次叛乱。最终爆发了凯尔特人大起义，最后，小西庇阿在公元前 133 年占领并摧毁了努曼提亚。

塞多留率领由土著伊比利亚人、意大利人和罗马人组成的军队，对苏拉发起战争。这场战争对伊比利亚半岛的罗马化至关重要。恺撒在西班牙取得的胜利，即公元前 49 年在莱里达和公元前 45 年在蒙达的胜仗，是导致共和国最终灭亡的重要事件。

罗马与大西洋西部海岸的部落，以及坎塔布里亚、阿斯图里亚和加利西亚远西北地区部落之间的冲突持续了一段时间，直到奥古斯都派出他忠诚的助手维普萨尼乌斯·阿格里帕，这些冲突才得到彻底解决。帝国时期，西班牙各行省相当和平，因此仅有一支军队驻守。这支军队由一个军团组成，驻扎在西班牙塔拉科南西斯的一个叫作"*Legio*"的地方，该地以军团（legion）命名，如今在西班牙莱昂。该地人民广泛接纳罗马文明，这一点体现在半岛众多的纪念性建筑和大型公共建筑中，以及拉丁语和罗马宗教的流行。一些著名的伟人都出生于西班牙，包括塞内卡、马提亚尔、卢坎、昆体良以及罗马皇帝图拉真、哈德良和狄奥多西。

伊比利亚诸行省对帝国的经济做出了巨大贡献，主要是在矿物和农业资源方面，其次是在产业产品方面。其产业包括鱼类的腌制和保藏，这些鱼来自南部

伊比利亚诸行省

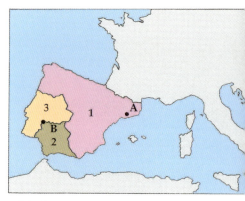

1 塔拉科南西斯   A 塔拉戈纳
2 贝提卡   B 梅里达
3 卢西塔尼亚

上图 这尊奥古斯都的大理石雕像发现于梅里达，是 1 世纪早期的作品，目前收藏在当地的罗马艺术国家博物馆。从遮盖的头部可以看出，皇帝在雕塑中以罗马大祭司的身份呈现，是国家的主要宗教权威。公元前 12 年，屋大维被授予这一职能，当时他已获得军队的最高指挥权，以及法律、政治和行政权力。

和大西洋海岸。

主要的出口产品为食油。罗马人对油的需求巨大，油不仅用于食品，还用于个人卫生和照明。1世纪到3世纪，罗马从西班牙进口食油。这种油主要产自贝提卡，由货船运送，装在平均容量为60—70升的双耳罐（大致为球形）中，其上通常贴有封条并刻有文字，用于标明容器和油的重量，以及出口商的名称和日期。货船到达罗马后，人们将油倒出来，双耳罐则被销毁，因为它们很难被再次利用。泰斯塔乔人造山（拉丁语为 *mons testaceus*，

上图　罗马人拥有高超的建筑技术。由于一些水源离城镇很远，罗马人使河流转向，以解决帝国各城镇的供水问题。管道置于砖石渡槽中，渡槽有时会经过山谷和洼地，需要架设拱门，塞哥维亚渡槽就是一个例子。水流被输送到分水堡，通过压力将水分配到城镇的供水网络。塞哥维亚渡槽是古罗马最宏伟的渡槽之一，由不含砂浆的花岗石块建成，长728米，高29米。

下图　罗马水利工程在伊比利亚半岛的另一杰作是梅里达的米拉格罗斯渡槽。该渡槽建于1世纪，它将水源从5千米外的地方输送到城镇，途经阿尔巴雷加斯谷（Albarregas valley）的时候架设了绵延830米的拱桥。

即陶瓷碎片山，此处并非罗马唯一的碎片山）是用附近河港的西班牙式双耳罐碎片堆成的。泰斯塔乔人造山高 30 米，占地 2 万平方米，由此可以窥得食油进口的规模。西班牙食油曾出口到日耳曼和不列颠尼亚，在 3 世纪中期被非洲产的食油取代。伊比利亚半岛也是古罗马主要的金属产地。金、银、铁、锡、铜和铅以铸锭的形式广泛出口到罗马和其他省份。波利比乌斯时代，4 万名矿工同时在 259 平方千米大的卡塔赫纳银矿作业。西班牙的铁纯度极高，能够产出高质量的武器，很快被罗马人所模仿。

《关于维帕斯卡矿山的法律》（lex metalli Vipascensis）是一部管理卢西塔尼亚的阿尔茹什特雷尔铜矿和银矿的法律，可以追溯到哈德良统治时期，其中描述了西班牙矿产资源的开采情况。最近，经过挖掘和勘察，人们发现了一些关于矿山作业的有趣的技术信息。比如"阿基米德螺旋泵"的标本遗骸，这是一种用于排出地下水的机械装置，可以用最小的力量抽出大量的水。人们在西班牙的矿井中也发现了大型水车的遗迹，这些水车可以将水输送到高处。

上图　意大利卡由西庇阿建于公元前206年，是西班牙最古老的罗马城镇。然而，比起更为繁荣的邻近城市塞维利亚（伊斯帕利斯），意大利卡较为逊色，并在相当晚的时候才成为自治市。图拉真和哈德良这两位最伟大的罗马皇帝都出生在意大利卡。哈德良统治时期，这座城市按照希腊风格进行了彻底的修建。考古挖掘时发现的镶有马赛克地板的宏伟住宅就来自这一时期。

跨页图　意大利卡圆形剧场是古罗马大型剧场之一，可以容纳2.5万名观众。哈德良曾用大量的建筑装饰这座城市，该剧场建于这一时期。剧场下方的房间和服务通道保存完好。

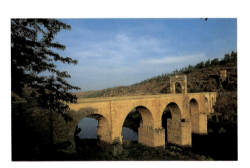

中图　阿尔坎塔拉附近塔霍河上的桥梁建于105年至106年（图拉真统治时期），由11个卢西塔尼亚自治市出资。这座桥共有6个桥拱（最长的拱券跨度为36米），总长143米，由建筑师盖乌斯·尤利乌斯·莱瑟（Caius Julius Lacer）设计，用以抵抗偶发的猛烈洪水。

下图　埃武拉位于如今的葡萄牙，是卢西塔尼亚最重要的罗马殖民地之一。这座城市由恺撒建立，并被叫作"慷慨的尤利娅"，在2世纪达到鼎盛。戴安娜神庙就是该时期的建筑，其高高的墩座上矗立着14根优雅的科林斯式圆柱，保留至今。

塔拉戈纳，
埃布罗河口的港口城市

塔拉科

A 圣地   D 圆形剧场   G 港口
B 行省议事广场   E 城市广场   H 大墓地
C 竞技场   F 剧场

塔拉戈纳（古称塔拉科）最初是赫尔格特部落（Hergetes）的居住点，后来成为西班牙塔拉科南西斯行省（又名近西班牙行省）的省城。恺撒统治时期，塔拉戈纳已成为罗马殖民地。公元前16年，奥古斯都将其定为该地区的省会。塔拉戈纳建于埃布罗河口附近，发展迅猛。罗马人在此处建了一个港口，现已不复存在。港口地区分布着剧场、圆形剧场和市场，而竞技场遗址、奥古斯都大帝庙、广场和行省总督官邸均位于上城区，部分建筑历史可追溯到2世纪下半叶。

供奉奥古斯都的神庙由提比略修建，在哈德良和塞普提米乌斯·塞维鲁统治时期得到修复。其他神庙的存在几乎只能从史料中得知，如朱庇特神庙和密涅瓦神庙。被认为是总督官邸的建筑群由竞技场和宫殿组合而成，两者在城镇东角相连，位于城镇两个区的边界上，非常与众不同。共有五条渡槽为塔拉戈纳提供饮用水，主要的一条叫作拉斯费雷拉斯（las Ferreras）的渡槽，架设在两排叠拱上，穿过深谷。城镇附近有各种墓地和别墅的遗迹，别墅里铺设着有趣的马赛克地板。巴拉凯旋门（the arch of Barà）由图拉真的中尉卢西乌斯·李锡尼·苏拉（Lucius Licinius Sura）建造，位于城镇20千米远的地方。塔拉戈纳是一个重要的君主崇拜中心，也是进行葡萄酒和亚麻交易的活跃市场。260年，该城市遭法兰克－阿勒曼尼人洗劫，后被阿拉伯人摧毁。

跨页图 拉斯费雷拉斯渡槽离城市4千米远，是伊比利亚半岛东部地区现存渡槽中最为壮观的。该渡槽长217米，采用干砌石墙工艺建造。在拱券的顶部，水流经过的渠道（*specus*）仍保存完好。

塔拉戈纳是西班牙少数几个建有圆形剧场的城市之一，这也体现了该殖民地的社会和政治重要性。该圆形剧场始建于2世纪上半叶，部分从山坡上的岩石里挖掘出来，山坡向下延伸至海滩。

竞技场建于1世纪末，是古代的塔拉科官方建筑工程的最后一座建筑。该竞技场长325米，按照此类建筑的典型风格（用于战车比赛）设计。大部分拱形地道和一些外立面保存下来。

梅里达，
奥古斯都退伍老兵安置地

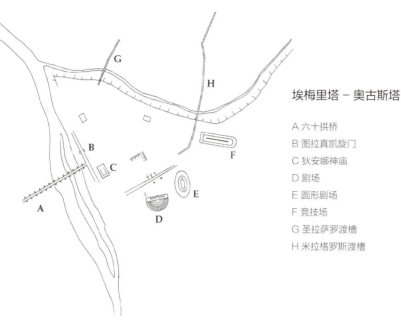

埃梅里塔 – 奥古斯塔

A 六十拱桥
B 图拉真凯旋门
C 狄安娜神庙
D 剧场
E 圆形剧场
F 竞技场
G 圣拉萨罗渡槽
H 米拉格罗斯渡槽

公元前 25 年，奥古斯都下令建立埃梅里塔 – 奥古斯塔（*Emerita Augusta*，梅里达的古称），作为安置第五云雀军团和第十组合军团退伍老兵的军事基地。这座城市发展为繁荣的贸易中心，后来成为卢西塔尼亚的省会。梅里达因其令人赞叹的建筑遗迹成为伊比利亚半岛的主要考古中心之一。剧场、圆形剧场和竞技场都建在城墙外的同一区域，保存完好。剧场的舞台在近几年得到完全重建，也幸存下来。横跨瓜迪亚纳河的桥共有 60 个拱门，跨度为 792 米，是罗马时期现存的最长的桥梁之一。该城镇由三条渡槽供水，米拉格罗斯渡槽的大部分和圣拉萨罗渡槽（San Làzaro Aqueduct）保留至今。其中，米拉格罗斯渡槽高 25 米，沿着 830 米的路线蜿蜒前行，其架设的 37 个巨大的桥墩由花岗岩和砖块交替排列而成。该渡槽的水源来自一个叫作珀耳塞福

上图 瓜迪亚纳河上的桥拱是古罗马最为壮观的拱券建筑之一。

跨页图 这座城市共有三个大型渡槽，图中为圣拉萨罗渡槽。和帝国的其他所有城市一样，梅里达的渡槽运转和所有供水事务都由水利督察官处理。

梅里达是罗马人为了控制卢西塔尼亚而建立的军事前哨，很快就成为伊比利亚半岛上最富有的城镇之一。城区的许多考古发现，以及至今可见的众多纪念性建筑证实了曾经的繁荣。这张图片展示了圆形剧场附近一座私人住宅的精美马赛克地面。

下页图 梅里达的这座宏伟的剧场可以容纳 6000 名观众，其舞台后立面（scaena）是欧洲同类建筑中最优雅美观的。在对舞台后立面进行长时间的重建后，这座建筑恢复了使用，如今每年都在举办顶级戏剧表演和音乐会。

涅之湖的水库，这个水库的大坝很有趣。在梅里达，我们可以看到所谓的图拉真凯旋门、狄安娜神庙和小型马尔斯神庙的遗迹、两座陵墓、一座被改造为基督教堂的住宅，以及带有塔楼的部分城墙。在挖掘密特拉神殿时，人们发现了一组精美的大理石雕塑，并在墓地和剧场发掘出其他同样重要的雕塑。正如史料、艺术作品和铭文所显示的那样，梅里达在基督教时期和西哥特王国时期仍具有重要意义。

高卢和日耳曼，
帝国的基石

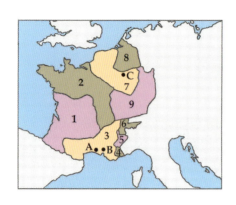

高卢和日耳曼诸行省

1 阿奎塔尼亚   7 贝尔吉卡

2 卢格杜南西斯   8 上日耳曼

3 纳尔榜南西斯   9 下日耳曼

4 滨海阿尔卑斯   A 尼姆

5 科蒂埃阿尔卑斯   B 奥朗日

6 格拉亚斯与佩尼乌斯的   C 特里尔
    阿尔卑斯

    山北高卢行省占据了大西洋、比利牛斯山、地中海、阿尔卑斯山、莱茵河和北海之间的广阔领土。该地区大多是凯尔特人，以及莱茵河边境的德国人和比利牛斯山地区的伊比利亚人。地中海沿岸居住着许多希腊人，其中最主要的城市是马西利亚（马赛），一个繁荣的贸易中心。

    社会实行封建制度，以农业经济为主，由贵族寡头统治，而德鲁伊教祭司对贵族统治施加了巨大影响。该地的一些主要神灵与罗马神相同，如图塔蒂斯、塔拉尼斯、埃波娜、罗斯默塔（Rosmerta）和科伦诺（Cerunno）。种族、宗教和文化的统一也无法阻止频繁的对抗和冲突，再加之高卢人没有城镇，而是以村落和山丘筑防的形式聚居，罗马人利用这些弱点，加快了征服的脚步。

    公元前 2 世纪中期，罗马对盟友马西利亚施以援手，正是在此时，高卢和罗马开始产生接触。在成功征服试图建立高卢国的阿维尔尼部落后，罗马人于公元前 121 年建立了第一个殖民地，即纳尔波 – 马提乌斯（*Narbo Martius*），今纳博讷。不久，罗马人设立了纳尔榜南西斯高卢行省，后来直接称为省（*Provincia*），也是如今普罗旺斯（Provence）这一地名的来源，还鼓励其进行贸易活动，缔结政治或军事联盟。然而，该地各部落频繁发起叛乱，

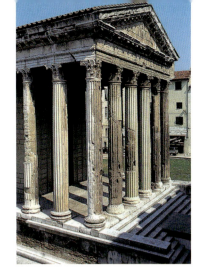

上图 奥古斯都和利维亚神庙大约建于公元前 10 年，是维也纳最著名的罗马建筑。该神庙与尼姆城的神庙十分相似，也是一座科林斯六柱式寺庙，矗立在高高的墩座上。

跨页图 始建于 1 世纪末的阿尔勒圆形剧场，以及尼姆的圆形剧场是法国保存最完好的剧场，阿尔勒圆形剧场主轴长 136 米，可以容纳 1.2 万名观众。

如辛布里人和条顿人起义，最后分别在公元前 102 年的色克蒂留斯温泉之战和前 101 年的维尔塞莱平原战役中被盖乌斯·马略镇压。公元前 52 年，恺撒在阿莱西亚战胜维钦托利，最终占领整个高卢，从此，高卢开始了激烈的罗马化进程。在高卢地区永久重组后，奥古斯都将该地划分为纳尔榜南西斯高卢、阿奎塔尼亚、贝尔吉卡高卢（比利时高卢）和卢格杜南西斯高卢，该体系一直持续到戴克里先时代。所有人口被划分为 64 个邦国，与原始部落相对应。各邦国的代表每年都要参加高卢大会，在罗纳河与索恩河交汇处的罗马和奥古斯都祭坛附近会面，共商事务，对罗马统治者施加有限的控制。

跨页图 奥古斯托杜努姆（Augustodunum），即如今的奥顿（Autun），是莱昂尼斯高卢的主要城市之一，在3世纪因修辞学派而闻名。这个城市仍有许多罗马遗迹，包括壮观的圣安德烈城门，其历史可以追溯到奥古斯都时代。

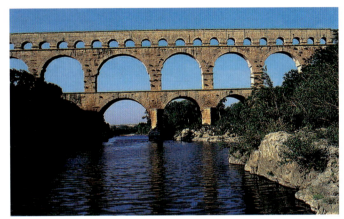

上图 一条近50千米长，高度差仅17米的渡槽将如今于泽斯附近的水源输送到尼姆。为了穿过加尔顿河，罗马建筑师建造了长275米，不到49米高的加尔桥。

下图 奥格斯特（Augst）大约建于公元前40年，在当时叫作奥古斯塔－劳里卡（Augusta Raurica），距离巴塞尔几千米远。该军事殖民地有着重要的战略位置，位于跨越阿尔卑斯山脉连接高卢和多瑙河两省的道路的交会处。主要的考古遗迹是在广场和剧场附近发现的，图中为一座公元前2世纪的神庙的墩座。

1865 年，人们在德国小镇希尔德斯海姆附近发现了这樽华丽的高脚杯和巨大的银制调酒碗，只是出土文物的一部分。整套器具共有 60 多件，可能出自奥古斯都时代一位罗马高级官员在一次袭击中被一个日耳曼战士夺去，无法找回的行囊。公元前 1 世纪开始，拥有银器被认为是一种社会地位的象征，这也是罗马社会和文化逐渐希腊化的另一个迹象。

　　该地区的城镇也得到了大规模扩建，纪念性建筑林立，呈现出典型的罗马外观。剧场、圆形剧场、竞技场、浴场建筑群、巴西利卡、凯旋门、桥梁和渡槽等众多遗迹分布在各地，保存至今。高卢 – 罗马艺术结合了希腊 – 罗马元素与凯尔特艺术，不同于其他行省的艺术，有着自己的特点。比如墓葬雕塑，最著名的雕塑作品有描绘已故者生前活动的装饰性石柱、献给朱庇特的纪念柱（在高卢北部和东部地区尤为常见），以及整个表面装饰着雕塑的凯旋门。高卢的经济相当繁荣，以北部和地中海之间的农业、制造业和贸易产品为代表。弗拉维王朝开始，纳尔榜南西斯高卢的葡萄酒已成为罗马主要的出口产品，还有一种很受欢迎的赭色黏土陶器，出口到帝国各地。根据资料记载，高卢的黄金储量丰富，且容易开采。实际上，高卢曾是地中海地区极少数能够自己铸造金币的地区之一。

　　两个日耳曼行省只占罗马广阔领土的一小部分。在高卢，恺撒带领军团行至莱茵河，以保卫高卢各省。公元前 12 年至前 9 年，德鲁苏斯在日耳曼英勇奋战，为统一日耳曼人铺平道路。按计划，平定局势后，日耳曼人将会聚集在一个宗教和政治中心，类似于罗马人在里昂为高卢人建立的中心。为此，德鲁苏斯在莱茵河左岸乌比人的领地上修造了一个巨大的祭坛，用于供奉异教神，以及崇拜罗马和奥古斯都。

　　德鲁苏斯的早逝使得罗马对日耳曼的征服放缓，甚至是失败。尽管罗马军队的运气起伏不定，但在连续几年的时间里，他们数次惨败于好战的日耳曼部落，这种情况一直持续到提比略时期。尤其惨烈的一次战败是在公元 9 年，蛮族首领阿米尼乌斯击败瓦鲁斯，歼

军团士兵格涅乌斯·慕西亚斯（Gnaeus Musius）的墓碑也是美因茨州立博物馆考古藏品的一部分。这座名为摩贡提亚库姆（今美因茨）的小镇建于奥古斯都时期，围绕军营发展起来，位于美因河与莱茵河交汇处附近。由两个军团驻扎的巨大堡垒在很长一段时间里是控制上日耳曼的重要基地。在当地的军人墓地中也发现了许多类似的石碑。

灭了罗马的三个军团。最新的挖掘确认了这场激战的地点——卡尔克里泽地区，人们在此地发现了头盔、胸甲碎片、箭镞、标枪和各种各样的罗马硬币，硬币上最晚日期为9世纪。

有趣的是，这些遗迹与日耳曼尼库斯的目击相吻合，据塔西佗描述："尸骨遍野，堆积如山，寒光烁烁……四周散落着箭镞的碎片和马的四肢；还有人的头骨被钉在树干上。在附近的圣林中，可以看到粗糙的祭坛，将官和百夫长首领在那里被日耳曼人杀害。"

关于这两个日耳曼行省，上日耳曼从日内瓦湖延伸至温克斯特巴克河（Vinxtbach）和莱茵河的交汇处，经过科富伦特城（Confluentes，科布伦茨）和波纳城（Bonna，波恩）。唯一一块在莱茵河远侧的领地是陶努斯。下日耳曼最远可达北海，涵盖如今荷兰的部分地区。

"克劳狄乌斯的殖民地与阿格里皮娜的祭坛"（Colonia Claudia Ara Agrippinensium，即今科隆）的对面是迪维提亚（Divitia，即今科隆市的多伊茨区［Dentz］）的防御营地，也用作桥头堡。在一些边界并非莱茵河的地段，罗马人筑起边界以抵御野蛮人。防御墙长达382千米，包括一堵用栅栏加固的壁垒，前方挖有壕沟，并由不同大小的防御营地进行保护。许多防御工事已经被人们发现和挖掘，因此整条边界线的走向都被重新绘制出来了。萨尔堡的边界十分有名，所有部分都进行了重建。

两个日耳曼行省主要发挥了军事作用，从幸存的遗迹可以推断出这一点。在经济方面，该地出口到罗马的特色产品是玻璃制品。在科隆的作坊里，一些精美的标本留存至今。

尼姆，
纳尔榜南西斯高卢的骄傲

尼姆（Nimes）以赫拉克勒斯之子命名，拉丁语为"*Nemausus*"[1]，是一片驻扎着安东尼军队的拉丁殖民地。奥古斯都统治时期，尼姆被命名为奥古斯都殖民地奈莫苏斯（*Colonia Augusta Nemausus*），是纳尔榜南西斯高卢的一部分，很快成为该地区最繁荣和罗马化的城镇之一。一些非常重要的公共建筑也建立起来，许多宏伟的建筑遗迹保留至今。在靠近广场的南北干道交叉口处有一座方形神殿，是保存最完好的六柱式神庙之一。该神殿起初供奉着阿格里帕，后来供奉盖乌斯·恺撒和卢西乌斯·恺撒。

城市南部坐落着一座巨大的圆形剧场，有两排拱门，建于 1 世纪下半叶，与阿尔勒的剧场极为相似。该圆形剧场至今仍在举办各种演出。竞技场也位于同一地区，但没有留下任何遗迹。城市的西北部有一座巨大的纪念性建筑群，即位于尼姆城圣泉附近的剧场（其阶地依山丘的自然坡度而建）、水神庙和众多神庙。

尤其有趣的是狄安娜神庙，建于奥古斯都时期，在哈德良时期得到扩建和修缮，置于山坡边风景优美的建筑群中。尼姆城的饮用水由一条近 50 千米长的渡槽提供，其中，壮观的加尔桥及三排拱门至今尚存。

---

1 关于 *Nemausus* 的起源有不同说法：一说是当地凯尔特部落巨形集会时的圣木；一说是当地凯尔特部落守护神泉水精灵；一说来科占庭的斯蒂芬纽的著作《民族志》，认为此名源自赫拉克勒斯之子或赫拉克斯后裔 *Nemausios*。

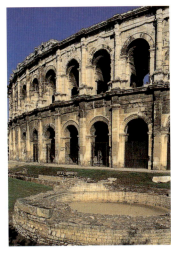

左上图 尼姆圆形剧场建于 1 世纪,采用了相当先进的建筑设计。五条不同高度的同心圆地道与通道、阶梯相交,呈辐射状排布,可以让 2.3 万名观众快速进出。

右上图 戴安娜神庙建于奥古斯都时期,是圣泉建筑群的一部分,神庙内殿的筒形穹顶的一部分保留至今。由于众多帝国时期的建筑保存完好,尼姆被誉为"法国的罗马"。

上页图 尼姆是高卢南部最繁荣的城市之一,由当地考古博物馆收藏的杰出罗马艺术品可见一斑。

跨页图 方殿是科林斯柱式大理石神庙的完美典范,修建于墩座之上。该建筑是奥古斯都时期保存下来的同类建筑中最为完整的,其完好的保存状态得益于从中世纪开始的反复利用,该神庙先后被改造为马厩、教堂和第一座城市博物馆,如今是一座展览中心。

奥朗日，尤利乌斯·恺撒建立的殖民地

跨页图 奥朗日剧场是唯一一座保留了皇帝凯旋雕像的剧场。雕像被发现时已成碎片，后被人们拼凑起来，放置在壁龛中。壁龛里有一个碗状拱顶。

尤利乌斯·恺撒统治时期，奥朗日（古称阿劳西奥）是一块罗马殖民地，驻扎着提比略之父指挥的第二军团的老兵。为庆祝该殖民地的设立，罗马人修建了一座凯旋门，也是现存最壮观的凯旋门之一。该建筑由中央的一个拱门和两个较小的侧拱门组成，正面高19.5米，总高18.8米。凯旋门表面雕刻着生动的战斗场景和战利品，即被锁住的成群囚犯，以及一尊纪念恺撒征服马西利亚的海战胜利纪念柱。凯旋门上的献辞是在镇压萨克罗维鲁斯起义后添上的，可能是献给提比略的。

奥朗日的另一座主要的罗马建筑是剧场，因舞台保存极为完好而闻名。其背壁长103.15米，高36.8米，顶部用来支撑遮阳篷的支架依旧清晰可见。剧场内部最初建有三层圆柱，装饰着大量的雕塑，以及刻有半人马、女祭司、鹰和花环的饰带。建筑外立面以完全规则的表面而出名，观众席的音效仍然十分纯净。

剧场不远处是一座大型神庙和建有半圆室和平行墙壁的建筑。这可能是在高卢发现的唯一一座体育馆。阿劳西奥领土的划分记录在一些非常罕见的大理石地籍图碎片上，该图与殖民地的管理有关，保存在当地博物馆里。

左上图 奥朗日剧场的历史可以追溯到奥古斯都统治末期和提比略统治早期。这座建筑之所以引人关注，是因其保存完好的舞台墙壁和出色的音效，仍可以上演戏剧。中央壁龛里矗立着一尊3.5米高的奥古斯都雕像。

左中图 图中的凯旋门位于奥朗日北部，用于纪念恺撒建城。

左下图 凯旋门上的浮雕描绘了罗马士兵和蛮族人之间的战斗，以纪念罗马征服高卢。

特里尔，
帝国后期的繁荣城市

古特里尔

A 栈房	D 尼格拉城门	G 君士坦丁浴场
B 浴场	E 君士坦丁宫	H 竞技场
C 广场	F 君士坦丁巴西利卡	I 圆形剧场

位于贝尔吉卡高卢的"奥古斯都大帝的特雷维尔城"（*Augusta Treverorum*，即特里尔）由奥古斯都建于公元前 16 年至前 19 年。这是一个非常富裕、繁荣的城镇，在帝国末期发展到顶峰，成为许多皇帝的住处。287 年，戴克里先将其选为帝国西部的首都。君士坦丁统治时期，这座城镇竖立起许多重要的纪念性建筑。5 世纪早期，驻扎在莱茵河的罗马军团被召回意大利，特里尔从此开始衰落。城市的北入口有一道宏伟的尼格拉城门，始建于 2 世纪，是阿尔卑斯山以北保存最完好的古罗马时代城门。这道 30 米高的城门内有一个巨大的中庭，被两座塔楼包围，两者由一个双廊连接。另一座主要的纪念性建筑是君士坦丁巴西利卡，这座宏伟的法律会堂由君士坦丁建于 310 年，是一个巨大的长方形建筑，没有侧廊，只有一个半圆形后殿。这座古老的砖石建筑至今还保留着屋顶，有两排高高的拱形窗户。附近的帝国浴场建筑群也由君士坦丁委托建造，但并未完工。该建筑的前方是一座大型健身围廊，其门廊的外立面是一座水神庙。城镇附近不

上页图和上图 帕拉丁会堂（*Aula Palatina*）建于 310 年，几经修缮，曾是君士坦丁宫殿的会客室。

下图 这是一块墓碑的碎片，雕刻的是一艘葡萄酒货船，这种运酒船起源于诺伊马根。

跨页图 帝国浴场的遗址，由君士坦丁建造，在 4 世纪
时改建为兵营，在中世纪时变为圣十字教堂。

下图 尼格拉城门始建于 2 世纪，位于城墙北侧。

仅有大型住宅别墅，还有其他纪念性建筑，如摩泽尔河上的罗马桥、保存完好的小型圆形剧场（建于 1 世纪）、装饰华丽的圣芭芭拉浴场（建于 3 世纪的最后 30 年间），以及改造成大教堂的宫殿遗址。该宫殿可能是君士坦丁之母圣海伦娜的住所，人们在其中发现了一些装饰着女性半身像的镶板。

不列颠，
严密军事管控下的行省

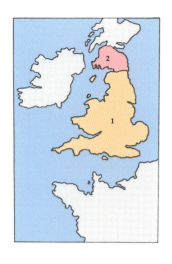

罗马对不列颠行省
不同区域的统治时间

1 43—406 年
2 142—180 年

跨页图 在"苏利斯之水"（今巴斯）的浴场，
新古典主义圆柱的侧翼是古老石柱的遗迹。这
座小镇在帝国时代就以温泉而闻名。大水泵房
是一座宏伟的温泉浴场，还带有一座考古博
物馆，陈列着许多有趣的展品。该水泵房于
1796 年建在罗马浴场的巨大建筑群上，这座
罗马浴场的历史可追溯至 1 世纪，其扩建工程
一直持续到 5 世纪。

下页右下图 在赫特福德郡的
圣奥尔本斯附近仍可以看到维
鲁拉米恩剧场的遗迹。圣奥尔
本斯镇约于公元 49 年建立，
成为 3 世纪不列颠最重要的城
市之一。

下页左下图 这排壁龛是浴场更
衣室的一部分，坐落于哈德良
城墙沿线的 17 座大型营地之
一——西勒讷姆（切斯特斯）。

公元前 55 年，罗马人开始接触不列颠人。当时，尤利乌
斯·恺撒率军队首次征战不列颠，第二年又进行了第二次远征。
然而，罗马对该地区的征服主要是形式上的。直至公元 43 年，
克劳狄皇帝才真正征服了不列颠。北部边界位于泰恩河与索尔
韦湾之间，哈德良沿着这条边界修筑了一道著名的城墙。后来，
安东尼努斯·皮乌斯将边界进一步北移，并下令修筑第二道防
线，但这条防线直到康茂德时期才派上用场。罗马扩张时期，
不列颠的经济以农业为主，且拥有优质的矿产资源。地理学家
斯特拉博罗列了该岛的主要物产：小麦、牛、金、银、兽皮、
奴隶和上等猎狗。金矿位于威尔士、苏格兰和康沃尔，而银（通
过提炼含银铅获得）、铜和锡分布在各个地区。康沃尔的一些矿
山生产带锡的铜，这一巧合可能是当地生产青铜的原因。其他
主要的铜矿开采中心都在北威尔士。不列颠的锡也很重要，至

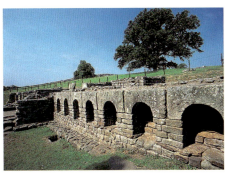

这种头盔（来自 1 世纪晚期，发现于兰开夏郡的里布切斯特堡）并非在战斗时佩戴，而仅用于阅兵游行和比赛。"*Hyppica gymnasia*"（来自古希腊语，直译为"马术训练"）是一种模拟战斗，两队骑兵身着精美的胸甲进行战斗，以展现他们的战斗技能。这些活动总是吸引着大量观众，由邻近村庄和堡垒的军事和民政当权者主持。

这个金项圈发现于诺福克郡的斯内蒂瑟姆，可能属于当地的爱西尼人部落的某位头领。这种粗颈圈在凯尔特人中十分常见；比如，著名的"垂死的高卢人"就佩戴着类似的项圈。凯尔特艺术，尤其是在高卢的凯尔特艺术，深受罗马的影响，甚至受其束缚。然而，罗马在不列颠的影响较小，当地的风格延续下去。

少在 3 世纪前是如此，在那之后才开始被西班牙产的锡取代。然而，不列颠之所以如此出名，因为它是帝国时代主要的铅产地之一。正如普林尼描述的那样，不列颠的铅储量如此丰富，以至于有必要通过一项法律以限制过度生产。不列颠海岸边分布着许多码头，这更加推动了罗马对不列颠物产的兴趣。南部地区（贝尔吉卡高卢的对面）的登陆点尤其多，如杜伯莱（*Dubrae*，多佛）、安德里达（*Anderida*，佩文西）和雷古比姆（*Regulbium*，里卡尔弗）。殖民地的设立始于泰晤士河流域，那里坐落着一些人口最密集的城市。其中，朗蒂尼亚姆（伦敦）已经成为一个繁忙的河港，罗马的道路系统就是从这里发展起来的。

一条从这里开始的大道向东通往坎努罗杜努姆（科尔切斯特），然后继续延伸至林杜姆（*Lindum*，林肯）和埃博拉库姆（约克）。坎努罗杜努姆是罗马人建立的重要殖民地，也是帝国国教的中心。另一条繁忙的商贸路线从朗蒂尼亚姆出发，经过卡勒瓦 – 阿特雷巴土姆（*Calleva Atrebatum*，锡尔切斯特），到达西卢尔（威尔士东南）地区的文塔镇（*Venta*）和艾斯卡 – 西鲁如姆镇（*Isca Silurum*），然后岔开，通往格莱乌姆（*Glevum*，格洛斯特）。

由于不列颠岛屿的地理构造独特，领土极为不规则，罗马人在不列颠的主要问题是横渡英吉利海峡时保证安全。由于高卢人和不列颠人的文化极为相似（尤其在宗教和神话方面），因此，在高卢获得的长期经验有助于罗马人应对当地习俗。

塔西佗这样描述不列颠居民："该地居民

1979 年，人们偶然发现了诺福克郡塞特福德的宝藏，这是在大不列颠出土的最多的罗马金银之一。在众多珍贵宝物中，有一件黄金搭扣由两部分铰合而成，长方形框架上雕刻着一个正在跳舞的萨提尔，拱形物上是两个马头。鉴于工艺水平，人们认为这件宝物产于 4 世纪中期左右的欧洲大陆。

这件大银盘来自 4 世纪，出土于萨福克郡的米尔登霍尔，是现存最精美的金属浮雕艺术品之一。圆盘中央是海洋之神的脸，周围环绕着许多海洋生物。外圈共有 14 个正在举行酒神仪式的萨提尔和女祭司。整套器具共有 34 件，可能属于某位富有的罗马不列颠地主或当地官员。

的外貌大不相同……加勒多尼亚的居民有着一头红发，他们四肢的大小体现了日耳曼血统；西卢尔人主要是深色皮肤和卷发，他们占据了该国与西班牙相对的地区，这似乎证实了古伊比利亚人曾越过海洋占领这些地区。离高卢最近的居民最像高卢人……"不列颠是帝国最不和平、罗马化程度最低的行省之一，该地发生了各种各样的冲突。其中，公元前 54 年的一次小规模战斗最终演变为泰晤士河之战，恺撒率领 5 个军团和 2000 名骑兵与卡西维劳努斯国王指挥的不列颠人交战。在战役中，恺撒的第七军团迎来了强大的敌军战车（*assedum*），这是一种二马战车，由一名车夫和一名持弓战士驾驭。另一大事件发生在公元 59 年，罗马人试图征服莫纳岛（又称安格尔西岛），即德鲁伊教的中心，引发了一场大起义，该起义由爱西尼国王普拉苏塔古斯的遗孀布狄卡领导。康茂德时期，在与北方民族的交战中，罗马军队惨败。197 年，塞普提米乌斯·塞维鲁将不列颠行省划分为上不列颠和下不列颠。戴克里先统治时，将领土进一步划分为四个区域。

蛮族人于 4 世纪开始入侵，最终在 406 年进入高卢，罗马军团随后撤离不列颠。

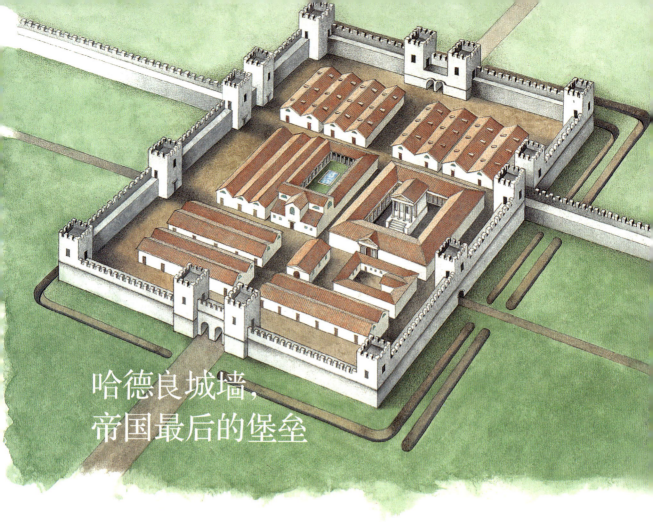

哈德良城墙，
帝国最后的堡垒

　　哈德良城墙这一军事建筑群是在 122 年皇帝巡视不列颠后建起的，是哈德良时期不列颠的边界。这条巨大的防线于 5 年后竣工，体现了哈德良的边防策略，即不再进攻，仅着眼于防守已有的领土。城墙长 117 千米，从索尔威湾一直延伸到泰恩河口，为罗马不列颠和苏格兰之间的边界。墙体的修筑见证了罗马工程师和士兵的高超水平，他们根据地形调整建筑方案，在该地设立采石场，砌起砖墙。城墙的前方还有一道平均 8 米宽，2.5 米深的壕沟。起初，他们用的不是石头，而是草皮块，所以在某些地方仍能看见这些草皮。辅助军团和翼军驻扎在城墙沿线的众多防御营地中，守卫着边界。这些军团分散驻扎在城墙的后方。每隔 1 英里（约 1.61 千米）就有一座碉堡，所以称作里堡（mile castles），用于守卫城墙的开口，可容纳大约 50 人。壁垒由一条壕沟（大约宽 6 米，深 3 米）和两侧的路堤组成，与城墙平行。壁垒只有在遇到峭壁时中断，在围绕堡垒时会偏离城墙，在过境处会开放。最后，道路是最关键的边防要素。实际上，边界可以说是一种巧妙的军事道路，有助于境内或是跨越边境的活动。东西走向的交通由多条公路组成，尤其是斯塔内盖特（Stanegate）；这条道路将科斯托庞顿（科布里奇）与卢古瓦伦姆（卡莱尔）连接起来，在这条防线的左侧形成了一条曲线，支路通往边界的各个堡垒。在南部，两条公路和无数条小路将埃博拉库姆和科斯托庇顿、德瓦（*Deva*，切斯特）和卢古瓦伦姆连接起来。

哈德良城墙沿线坐落着 17 个军营。如今最著名的有西勒讷姆（切斯特斯）军营，保存相当完好。还有温德兰达（切斯特霍姆）军营，人们在这里发现了驻防生活的重要遗迹。哈德良的边界从迈亚（鲍内斯）开始，沿着坎伯兰郡海岸，一直延伸到索尔威湾。在这里，边防体系只有堡垒和塔楼，没有诸如壕沟、城墙和壁垒等防御结构，因为大海的存在使它们显得多余。城墙以北的前哨有班纳（比尤卡斯尔）堡垒和侦察兵堡（内瑟比）。

上页图 这幅图展现了沿着哈德良城墙建造的防御营地的布局。坚固的围墙环绕着军队驻扎的营房，中央是指挥官的住处、一个小浴室，以及罗马和奥古斯都神庙。在堡垒周围，小镇发展起来，包括军人家属的住宅、商业中心、旅馆、神庙和浴场建筑群。

右图 图中是一段豪塞斯特兹附近的哈德良城墙。这座抵御古苏格兰人的防御壁垒由一道长 80 罗马里（约 117千米）的城墙组成，共有 1.5 万名辅助军驻守，旁边有一条宽阔的壕沟和一条军用道路。壁垒高约 6 米，每隔一段距离建有一座堡垒和瞭望塔。

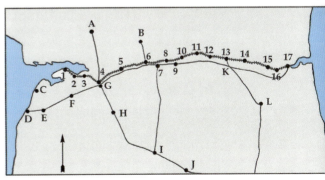

1 迈亚（鲍内斯）
Maia (Bowness)

2 康加瓦塔（德兰伯勒）
Congavata (Drumburgh)

3 阿巴拉瓦（沙滩旁布拉夫）
Aballava (Burgh-by-Sands)

4 佩特里亚纳（斯坦维克斯）
Petriana (Stanvix)

5 乌克塞罗杜努姆（卡斯尔斯泰兹）
Uxellodunum (Castlesteads)

6 康伯格拉纳（博多斯瓦尔德）
Camboglanna (Birdoswald)

7 马格纳（卡沃兰）
Magna (Carvoran)

8 埃瑟卡（大切斯特）
Aesica (Great Chesters)

9 温都兰达（切斯特霍姆）
Vindolanda (Chesterholm)

10 波尔戈维基姆（豪塞斯特兹）
Borgovicium (Housesteads)

11 普洛柯利提亚（卡若布尔）
Procolitia (Carrawburgh)

12 西勒讷姆（切斯特斯）
Cilurnum (Chesters)

13 哈纳姆（哈尔顿）
Hunnum (Halton)

14 温多巴拉（罗切斯特）
Vindobala (Rochester)

15 康德尔库姆（本威尔）
Condercum (Benwell)

16 旁斯埃利乌斯（纽卡斯尔）
Pons Aelius (Newcastle)

17 塞格杜努姆（沃尔森德）
Segedunum (Wallsend)

A 侦察兵堡（内瑟比）
Castra Exploratorum (Netherby)

B 班纳（比尤卡斯尔）
Banna (Bewcastle)

C 波瑞布拉（马尔布雷）
Bribra (Malbray)

D 阿劳那（玛丽港特）
Alauna (Maryport)

E 德尔文蒂奥内（帕卡斯尔）
Derventione (Papcastle)

F 奥勒里加（老卡莱尔）
Olerica (Old Carlisle)

G 卢古瓦伦姆（卡莱尔）
Luguvallum (Carlisle)

H 维瑞达（老彭里斯）
Vereda (Old Penrith)

I 布拉沃尼亚克姆（科尔利托雷）
Bravoniacum (Kirly Tore)

J 维尔特莱（布拉夫）
Verterae (Brough)

K 科斯托庇顿（科布里奇）
Corstopitum (Corbridge)

L 隆戈维基姆（朗切斯特）
Longovicium (Lonchester)

多瑙河，
具有重要战略意义的区域

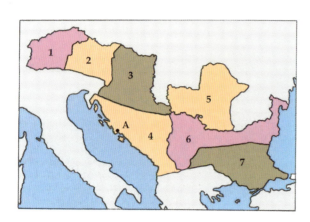

多瑙河诸行省

1 莱提亚　　　　　　　　　　　6 默西亚
2 诺里库姆　　　　　　　　　　7 色雷斯
3 潘诺尼亚　　　　　　　　　　A 斯普利特
4 伊利里库姆或达尔马提亚
5 达契亚

　　多瑙河地区领土广阔，西接日耳曼，北临多瑙河（除了达契亚地区），东邻黑海，南接山南高卢和亚该亚。该地由七个地区组成：莱提亚、诺里库姆、潘诺尼亚、伊利里库姆、达契亚、默西亚和色雷斯。

　　和诺里库姆一样，莱提亚通过贸易（起源于阿奎莱亚）与罗马人开始接触。该地居民为凯尔特人，主要集中在罗纳河和莱茵河流域，这些区域被划分为独立的行政区。该地的罗马化进程缓慢，很大程度上是因为其领土难以渗透，且主要城镇很少。确实存在的城市有奥古斯塔－文德里库姆（奥格斯堡）、坎博杜努姆（肯普滕）、布里干提乌姆（*Brigantium*，布雷根茨）和雷根纳堡（*Castra Regina*，雷根斯堡）。这些领土的重要性在于覆盖其上的道路网络，它具有巨大的商业和军事价值。稀少的农业和矿物资源勉强满足当地的需求。

　　诺里库姆地区居住着凯尔特人和伊利里亚人。被征服之前，诺里库姆曾是一个王国，首都是诺里亚（*Noreia*，诺伊马尔克），其国王与罗马多年交好。诺里库姆行省的罗马化程度相当高，部分是因为那里大量的意大利移民。该地的主要资源是金属，尤其是金、铅和铁。帝国时期，这里的铁矿闻名全国。奥维德和普林尼都曾详细介绍过这里高质量的钢铁。据说，公元前500年左右，诺里库姆人发明了一种炼钢的方法，这种方法掺入了一定比例的锰，可能不为希腊人和罗马人所知。古罗马时期，该地区的艺术风格受到意大利和凯尔特－伊利里亚元素的影响。在建筑领域，除了罗马化的凯尔特神的神殿，其公共建筑也模仿罗马风格。

公元6年至9年爆发了多瑙河人民大起义，起义被镇压后，潘诺尼亚才成为一个独立行省。为了抵御多瑙河对岸的野蛮人，罗马人建立了各种军营，这些军营最终成为罗马化的重要中心。实际上，该地区的主要城镇是从军营和附近的土著聚居区（称为军屯地）发展起来的，军屯地由工匠、商人和随军人员组成。尽管潘诺尼亚的经济以农业和矿业为中心，但定居于该省东西干道的商人也经营着繁荣的贸易。比如，在萨瓦里亚（松博特海伊）这一主要的交叉路口，人们可以通往文多波纳（维也纳）、不列盖提奥（*Brigetio*，左尼［Szöny］）、波埃托维奥（*Poetovio*，普图伊）和锡西亚（*Siscia*，锡萨克）地区，再远还可以到达伊利里库姆的索罗那（*Salona*，克罗地亚的索林）。

上图 图拉真纪功柱的基座覆盖着华丽的装饰，其中，罗马和蛮族武器混乱地交叠在一起。我们可以通过"鱼鳞"纹辨认出一些达契亚铁甲骑兵的胸甲。由于当地居民的好战和顽强抵抗，征服达契亚变得相当困难。这是罗马在多瑙河区域的最后一次扩张。尽管蛮族的袭击越来越猛烈，罗马在多瑙河的据点一直维持到5世纪。

下图 该饰针（fibula，最早由古希腊、罗马人开始使用的一种别针）由黄金和半宝石制成，是一件精美的达契亚－罗马艺术品，发现于现今罗马尼亚的彼得罗阿萨。饰针刻画了一只鹰，其历史可以追溯到4世纪，显然受到了蛮族风格的影响。多瑙河地区，尤其是达契亚地区，已经高度罗马化，许多城镇的发展也证明了这一点。当地工匠受罗马殖民者的影响，经过精心制作，产出完全原创的风格，即使在驻军撤出领地后也是如此。

图拉真纪功柱上的浅浮雕长达 200 多米，如实地描绘了图拉真发起的两次达契亚战役的各个阶段。浮雕中包含丰富的细节，是研究罗马军事组织的宝贵资料。浮雕上有正在修建防御营地的军团士兵，修筑多瑙河桥梁的工兵，使用兵器排成龟甲阵或是袭击敌方城镇的士兵，手持队旗的旗手，号兵和号角手，甚至还有战地医院。士兵们在战斗中穿着的各种军装、胸甲和所持武器都得到了忠实刻画。

在运输方面，多瑙河、德拉瓦河和萨瓦河等主要河流发挥了重要作用。罗马对该地西部的影响最大。凯尔特人和伊利里亚人在先前孕育了拉坦诺文化，对当地艺术产生了强烈影响，因此，罗马文明不得不和这些本土文化产生冲击。东部地区还受到了一些希腊的影响。

伊利里库姆位于亚得里亚海岸，与意大利隔海相对，3 世纪时因当地土著部落的海盗行为引起了罗马的关注。为了巩固对达尔马提亚和利伯尼亚部落的统治，罗马人发起了战争，持续整个公元前 2 世纪和前 3 世纪的大部分时间。奥古斯都时期，该行省的领土大幅扩张。从共和时期开始，加入行会的意大利商人移民到此地，促进了沿海城镇和岛屿的罗马化。由于内陆地区的土著居民吸收罗马文明的速度相对较慢，所以沿海地区和内陆地区相当不同。该地区的主要资源有铁矿、金矿、银矿，以及玉米、葡萄、橄榄和畜牧业。主要城镇有多克莱亚（杜克利亚）、斯科德里亚（斯库塔里）和索罗那。索罗那是戴克里先的出生地，也是基督时期重要的教会城市。在该城的不远处，戴克里先为自己建造了一座宏伟的宫殿。以宫殿为中心，一座新的城市斯帕拉托（斯普利特）发展起来。

从图密善时期开始，罗马就对达契亚采取了军事行动（并不总是成功），当地居民也对默西亚的罗马驻军发起了持续的袭击。然而，在101年至106年的两次连续战役中，图拉真击溃了达契亚国王德西巴卢斯的抵抗，最终征服了该地区。图拉真纪功柱上的浮雕生动地描绘了达契亚战争的各个阶段，其中多次出现了达契亚人特有的叫作派留斯（pileus）的无檐帽。罗马人占领多瑙河后，大批殖民者涌入多瑙河对岸的土地，和罗马驻军一起使此地成为罗马化程度最高的地区之一。达契亚的主要资源是矿石，尤其是铁、银、金；在征服达契亚后，图拉真将 16.55 万公斤黄金和 33.1 万公斤白银作为战利品运回罗马。高质量的铁器和制作铁器的工具都展现了该地居民在冶金领域的高超技艺。达契亚行省覆盖着广阔的道路网络，许多城镇在道路沿线发展起来，如阿普鲁姆（*Apulum*，阿尔巴尤利亚）、纳波卡（*Napoca*，克鲁日）和乌尔皮亚－图拉真－萨尔米泽盖图萨（*Ulpia Traiana Sarmizegetusa*，为元首副使的总部）。

270 年，在蛮族进攻的压力下，达契亚最终被奥勒良遗弃。罗马人不得不对默西亚地区进行干预，以限制大量外邦人不断发起袭击，涌入帝国境内。该地区的军事活动非常多，尤其是在弗拉维王朝，边境安全始终是皇帝特使的关注焦点。该省是最为多元化的省份之一，因为这里涵盖了不同的领土和人口，如西部的凯尔特－伊利里亚部落、东部的色雷斯部落，以及黑海沿岸城镇的希腊人。因此，驻扎在多瑙河沿岸的军团不仅要推进罗马化进程，还要处理各种各样的文化层面的工作。军团的主要营地分布在辛吉杜努姆（贝尔格莱德）、诺维奥杜努姆（Noviodunum，伊萨克恰）、费米拉孔（科斯托拉茨）、拉蒂亚里亚（Ratiaria，阿尔恰尔［Archar］）和厄斯库斯（Oescus，吉根［Ghighen］）。由于自治市和殖民地的数量非常少，整个行省在罗马的统治下依旧保留了乡土的特点。该地拥有著名的墓葬和凯旋纪念性建筑，比如图拉真胜利纪念柱，坐落在南多布罗加地区，更确切地说，在今罗马尼亚的阿达姆克利西，以纪念图拉真征服达契亚。这座宏伟的建筑有着华丽的装饰，是罗马行省现存最宏伟的艺术品之一。

色雷斯从前是个土著部落王国，叫作"奥德里西"，后来成为马其顿和叙利亚之间长期争夺的土地。公元 46 年，克劳狄占领了该地，色雷斯成了多瑙河左岸最后一个成为罗马行省的地区。许多城镇都是为了实现和平而设立的，比如弗拉维堡（Flaviopolis）、哈德良堡（埃迪尔内）和图拉真堡（Trajanopolis）。与此同时，连接爱琴海和黑海的道路网络受到了特别重视。由于受到希腊文明的影响，沿海地区的罗马化程度最高。而在内陆地区，罗马人不得不与好战的当地人进行长期的斗争。不管怎样，在被罗马人征服后，色雷斯人仍保留着部落组织，大多数居民延续着自己的习俗和宗教。该地区的一个显著特点是贸易中心的存在，那里坐落着定期开放的集市，位于亚欧主要道路的沿线。重要的交通枢纽有塞尔迪卡（索菲亚）、贝罗依（Beroe，旧扎戈拉）和菲利波波利（普罗夫迪夫）。色雷斯在政治和经济上一直处于无足轻重的地位。直到 3 世纪，它成为与入侵蛮族交战的战场，从此一直是东罗马帝国和西罗马帝国长期争夺的领地，最后被东罗马帝国征服，成为重要的防御前哨。在动荡的政局之中，拜占庭逐渐崛起，这是一个由麦加拉人建立的繁荣城市。323 年，君士坦丁对这座城市进行了大规模的重建。从 330 年起，拜占庭改称为君士坦丁堡，成为罗马帝国的新首都，并最终成为拜占庭帝国的首都。

多瑙河边界的防御是帝国面临的最困难的军事和政治问题之一，为此，罗马人建立起军营、瞭望塔、堡垒和壁垒以保护边界。因此，这些行省成了罗马抵御东方蛮族入侵的壁垒，具有重要的军事作用，而且行省的内部稳定也是至关重要的。

宏伟的图拉真胜利纪念柱建于 109 年，位于下默西亚行省（确切来说位于今罗马尼亚的阿达姆克利西），用于纪念图拉真皇帝战胜达契亚人。这座纪念碑由一个巨大的混凝土圆柱桩构成，外铺石灰岩块，装饰着饰带，上面是一圈锯齿状的矮墙。圆锥形的屋顶覆盖着鱼鳞状的石瓦。屋顶上是一个高高的六边形基座，支撑着伟大的胜利纪念柱，其底部的一些男人和女人可能象征着图拉真征服的地区和居民。

该建筑总高度约为 32 米。墙面上的饰带主要为军事题材，是根据当地流行的风格设计的，因此，人们认为饰带是君士坦丁时期重建的。这个纪念柱实际上也是现存最有趣的行省艺术作品之一，融合了罗马和蛮族风格。

斯普利特，
曾为戴克里先宫殿的城市

戴克里先宫

A 私人公寓　　　　F 朱庇特神庙

B 会客室　　　　　G 银门

C 前厅　　　　　　H 铁门

D 陵墓　　　　　　I 办公和公共区域

E 列柱廊　　　　　J 金门

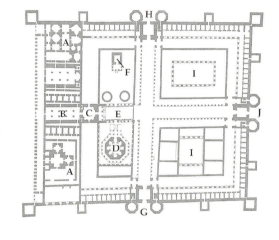

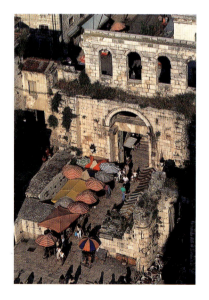

这张航拍图展示了银门的内部景象，以及内院的遗迹。

戴克里先于 305 年退位至 312 年去世期间，在斯普利特建造了自己的宫殿。斯帕拉托（*Spalatum*，斯普利特的古称），于 7 世纪在宫殿里和周围发展起来。因此，这里许多宏伟的建筑物成了帝国晚期住宅的珍贵标本，保存至今。城市的整体布局类似于军营，而俯瞰大海的柱廊的建筑灵感来自于同时期的乡村别墅。宫殿的平面呈不规则四边形，有着巨大的方石筑墙，四角矗立着坚固的方形塔楼；只有西南角的塔楼完全遗失了。在各边半开的四扇门中，金门和银门保存得最好，俯瞰大海的那扇门仅用作装饰。

宫殿的南部保存最完好，那里有一片有趣的建筑群，由两块区域组成，中间被列柱廊隔开，东边的皇家陵墓在中世纪时被改造成一座大教堂，西边是一座四柱式神庙。列柱廊是一片巨大的无顶矩形区域，两个长边旁矗立着柱廊，两个短边是

左上图 在列柱廊的周围可以看到许多粗凿的石块，它们是道路两侧柱廊的横梁部分。

右上图 位于斯普利特的戴克里先宫殿具有特殊的意义，因为在帝国晚期，几乎没有皇家住宅幸存下来。

右下图 列柱廊是这座城市最具特色的广场，其南面是由四根圆柱组成的门廊，顶部是三角墙，中间有一道拱券，由中央的两根圆柱支撑。

由四根圆柱组成的门廊，上面是独具特色的拱形门楣（三角墙），其灵感来自叙利亚。该建筑可能是供户外观众使用的大厅。从外观上看，陵墓是八角形结构，周围环绕着一圈带有柱顶横檐梁（trabeation）的柱廊。陵墓内部为圆形，其中的壁龛由圆柱隔开。陵墓顶部为金字塔形，整座建筑被抬高以容纳墓室。西边的四柱式神庙矗立在高高的墩座上，后用作洗礼堂；内殿是保存最完好的古代遗迹之一，拥有拱形屋顶，其内部装饰和主入口一样华丽。

跨页图　这幅图重现了戴克里先城堡的庞大规模，占地近 30 平方千米。四周环绕着 3 米厚的围墙，内部空间被两条垂直道路划分开。前景的两片区域用作办公室和营房；接下来是左边的陵墓，以及右边的神庙，可能供奉着朱庇特。中间是柱廊，其后是前厅和长方形大厅，通往皇家寝宫。俯瞰大海的围墙上可能装饰着一个空中花园。

希腊，重现古老的辉煌

希腊诸行省

1 亚该亚   A 雅典
2 伊庇鲁斯
3 马其顿

　　罗马对希腊半岛的介入早在公元前3世纪就开始了，当时马其顿王国和雅典率领的希腊城市之间发生了战争，罗马前来援助希腊。在赢得对腓力五世的西诺塞法拉战役后，罗马起初并没有利用其获得的霸权，至少在表面上恢复了希腊的自由。然而，当罗马军团最终于公元前168年在彼得那击败马其顿军队时，其扩张目标变得明确起来，希腊人对这些新征服者的厌恶也很快显露出来。在公元前146年希腊的一次反抗后，罗马人摧毁了科林斯，将希腊降为行省。希腊被划分为马其顿、亚该亚和伊庇鲁斯。公元前88年，在对自由的渴望下，雅典加入了本都国王米特拉达梯六世的反罗马运动。两年后，这场运动因苏拉对雅典的围攻和洗劫而惨烈结束。从那时起，希腊成为帝国最和平的行省之一，通过回忆过往的辉煌和在地中海文化中的重要作用聊以慰藉。由于金矿和银矿的重新开放，以及对铜和铁资源更大规模的开发，马其顿的经济繁荣起来。马其顿各城镇被允许保留传统的政体，并获得了许多豁免权。罗马老兵曾在一些城镇进行大规模的殖民，如迪拉基乌姆（*Dyrrachium*）、佩拉（*Pella*）和腓立

上图 这尊安提诺斯雕像发现于特尔斐，是当地一位技艺精湛的雕刻家的作品，也是哈德良男宠的众多幸存雕像之一。在对身体的处理上，它明显回归了古典希腊雕塑的主题，但其朦胧美和富于肉感的面庞是典型的希腊风格。

跨页图 奥林匹亚宙斯神庙于公元前 4 世纪始建于雅典，历经多次中断，最终于 130 年左右由哈德良完工。该建筑全部用彭特利库斯山所产的珍贵大理石制成，是古代最大的科林斯柱式神庙。

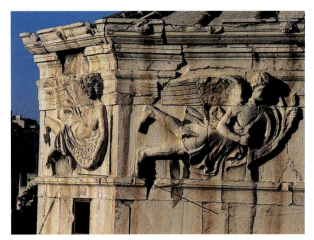

雅典的风塔建于公元前1世纪中叶，用于放置来自基拉的安德罗尼柯斯（Andronicus of Cirrha）设计的滴水式时钟。该建筑因塔顶的黄铜风标而得名。

比。该地最重要的纪念性建筑是位于塞萨洛尼卡的伽列里乌斯凯旋门，以独特的建筑形式和丰富的雕塑装饰而闻名。亚该亚地区实际上涵盖了整个伯罗奔尼撒半岛，以及克里特岛、基克拉迪群岛、阿提卡、维奥蒂亚和埃维厄岛。由于位于通往比雷埃夫斯的重要海上航线网络的中心，亚该亚迎来了新的繁荣。比雷埃夫斯是基克拉迪群岛的港口，以及科林斯地峡的登陆点。恺撒和奥古斯都统治时期，许多城镇再次繁荣起来，但该地区，尤其是雅典，主要在尼禄（67年，尼禄赋予希腊人自由，免除朝贡）和哈德良时期变得重要起来。伊庇鲁斯在2世纪才成为一个独立行省，在帝国时期无足轻重，除了诸如亚克兴（该地区最重要的港口，由奥古斯都建立，以纪念他战胜安东尼）的一些沿海城镇，以及诸如多多那（以宙斯神殿而闻名）的一些内陆城镇。伊庇鲁斯没有主要的道路，仅仅因其海军基地的战略价值具有一定的重要性。

　　罗马统治时期，希腊的许多城镇保留了传统的地方行政官，还有很多自由城邦，如雅典、西锡安（Sicyon）、德尔斐和特斯皮（Tespie）。神殿和体育场所仍为公共集会的中心，其中最著名的有位于科林斯地峡、亚克兴和尼科波利斯的体育场和神殿，奥古斯都为庆祝胜利曾在此地举办过比赛。哈德良统治时期，雅典是泛希腊城邦同盟的中心。实际上，尽管被罗马征服，希腊却凭借伟大的文化征服了罗马，并成功将希腊艺术的基本主题介绍给罗马人。

雅典，古典文明的灯塔

A 罗马神庙
B 阿格里帕剧场
C 哈德良图书馆
D 罗马市场
E 风塔
F 狄奥尼索斯剧场
G 哈德良拱门
H 奥林匹亚宙斯神庙

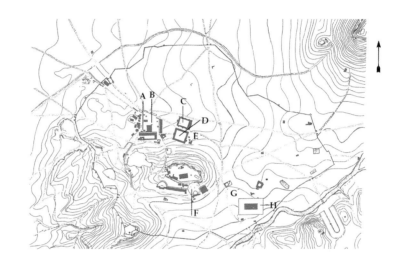

公元前86年，雅典在苏拉的煽动下遭到了洗劫。并在与罗马的政治均衡问题上经历了一段相当不稳定的时期。奥古斯都时期，雅典得到了帝国的优待。尼禄和哈德良均为亲希腊派，对这座象征着古典文明的城市尤其慷慨。267年，赫卢利人摧毁了雅典，只有卫城因坚固的墙壁幸存下来。这场灾难之后，雅典再也没能完全恢复过来。在狄奥多西的统治下，它只恢复了部分往日的辉煌。雅典学院依旧活跃，但最终在529年被查士丁尼关闭。除了一些纪念性建筑，罗马人在雅典生活的痕迹与古典时期的遗迹同时存在，几乎从所有公共建筑的修复和翻新中都能发现这些证据。奥古斯都时期的主要纪念性建筑有集市中心的阿格里帕音乐厅、卫城中的奥古斯都和罗马神庙（帕特农神庙对面）、陶工区的柱廊以及罗马集市。而我们对朱里亚·克劳狄王朝和弗拉维王朝的建筑活动知之甚少。庞代诺斯图书馆（library of T. Flavius Pantainos）和 G. 安提奥克斯·菲洛帕普斯（G. Antiochus Philopappus，雅典公民兼罗马执政官）的墓碑建于图拉真时期。哈德良对雅典尤其偏爱，被人们誉为雅典的第二位缔造者。他在罗马集市的北侧建起柱廊和一座宏伟的图书馆，完成了奥林匹亚宙斯神庙和体育馆的修建，还

左上图 哈德良图书馆的外立面由 14 根科林斯圆柱组成，圆柱由孔雀色大理石制成，顶部是破碎的横梁，线条匀称。哈德良非常喜爱希腊文化，他想用杰出的建筑来装饰雅典，并斥巨资修造这些建筑。

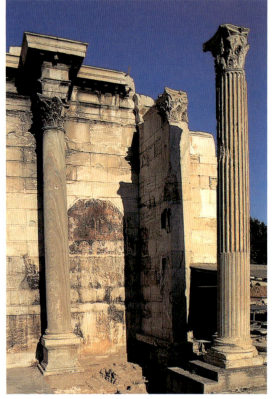

跨页图 161 年，希罗德·阿提库斯在雅典卫城脚下建造了一座宏伟的音乐厅。该建筑以拱门和拱顶的大量使用而闻名。这种建筑元素象征着从多用直线的希腊建筑到多用曲线的罗马建筑的转变。

左下图 哈德良凯旋门位于雅典旧城区和罗马新区的交界处。拱门两侧的圆柱和顶层的雕像都已遗失。该建筑并未遵循凯旋门的传统结构，而是明显倾向于雅典建筑风格。

修缮了狄奥尼索斯剧场。虽然图书馆的遗迹所剩无几，但它在当时一定特别壮观。根据相关资料，图书馆曾拥有 100 根珍贵的大理石柱构成的四面柱廊，内室则有镀金天花板和雪花石膏墙面。

踏入哈德良拱门便是哈德良之城，那里坐落着体育馆和一些公共建筑（包括两个浴场）。安东尼时期，希罗德·阿提库斯修缮了体育场，并用大理石覆盖和装饰，他还自费在卫城的山坡上建了一座音乐厅。

小亚细亚，
阿塔罗斯国王的馈赠

小亚细亚诸行省

1 亚细亚
2 比提尼亚与本都
3 吕基亚与潘菲利亚
4 加拉太
5 西里西亚
6 卡帕多西亚

7 塞浦路斯
A 以弗所
B 锡德

下页图 阿弗罗狄西亚的四面门是阿芙罗狄忒神庙所在圣地的宏伟入口。阿芙罗狄忒是这座城市的守护神。

  罗马人于公元前 133 年开始涉足小亚细亚。罗马继承了珀加蒙国王阿塔罗斯的王国，继续兼并邻国。亚细亚各省中最重要的城镇是古希腊殖民地爱奥尼亚，这些城镇分布在大河的入海口的海岸沿线，并经历过一段时期的建筑热潮。从一开始，该地的财富就吸引了大批意大利人，主要是商人和收税员。他们的贪婪引发了本地人的强烈不满，最终公元前 88 年爆发了大起义，导致 8 万人死亡。内战期间，动乱频仍，直至奥古斯都时代，亚细亚的形势才开始好转。一段和平与繁荣的日子开始了，且一直持续到 3 世纪中期。在此期间，行省的各个城镇新添了许多宏伟的建筑，保存至今。罗马时期的遗迹散布在小亚细亚各地，不仅出现在以弗所、珀加蒙、米利都和哈利卡尔那索斯（Halicarnassus）等主要城镇，也出现在一些持续蓬勃发展的小城镇，最有名的包括萨迪斯、米拉萨（Mylasa）、拉布隆达（Labraunda）、迈安德河（Maeander）上的马格尼西亚、劳迪西亚、阿帕米亚。圣殿和宗教联合会照常运作。罗马人容忍了这些仪式，仅仅引入了对罗马和奥古斯都的崇拜。在艺术和文化领域，阿弗罗狄西亚雕塑学校的地位愈加重要，其艺术家活跃在罗马和非洲。文学和科学领域同样硕果累累，以弗所和珀加蒙的医学院是两个主要的知识传播中心。这些行省的主要经济来源是农业和贸易；东方的无价珍宝通过古老的阿契美尼德皇家大道和罗马人修筑的无数条道路运往地中海港口。弗里吉亚的辛那达（Synnada）采石场的紫纹大理石和希俄斯岛的波塔桑塔（Portasanta）红色大理石价格不菲。人们用一种叫作石船（*naves lapidariae*）的专用船只来运送大理石，在奥斯提

左图 这张图展示了以弗所的哈德良神庙的建筑细节。

跨页图 阿斯潘多斯大剧场建于 2 世纪，是小亚细亚保存最完好的剧场。早在公元前 133 年，阿斯潘多斯就已并入罗马，在帝国时期发展繁荣。

亚港口卸货。然后，载着货物沿台伯河而上，直至阿文丁山脚下的矿床，也就是如今的大理石山（*Marmorata*）。大理石通常以粗削块状的形式运输，在到达目的地后进行最后的加工。小亚细亚也以生产牧羊、羊毛和羊皮纸而闻名，羊皮纸和纸莎草纸是古代最常见的书写材料。珀加蒙的羊皮纸十分有名，该地几乎所有城镇都以纺织品和羊毛服装贸易而闻名，这些衣物的质量得到纺织和染色行会的担保。紫染（一种从软体动物中提取的染料）织物的价格极高。人们在希拉波利斯（今棉花堡）的天然温泉中清洗羊毛，以固定染色。小亚细亚地区还拥有丰富的矿藏，尤其是银矿和金矿。金矿丰富的说法源自克洛伊索斯国王的传说（其王国附近流淌着含金的帕克托洛斯河），并从《伊利亚特》开始经常出现在古文献中。

帝国时期，阿弗罗狄西亚坐落着庞大的公共建筑，包括这个巨大的赛马场。

米利都剧场如今的外观来自 2 世纪的重建。

以弗所，
阿尔忒弥斯的宠儿

A 港口
B 港口浴场
C 维鲁拉努斯广场
　（Verulanus Square）
D 维迪乌斯体育馆
　（Vedius gymnasium）
E 体育场

F 剧场体育馆
G 剧场
H 市场
I 塞尔苏斯图书馆
J 音乐厅
K 浴场
L 东部体育馆

赫拉克勒斯之门矗立在库莱提大道（*Via dei Cureti*，该城市的主要道路之一）的起点。图为门上浮雕之一，赫拉克勒斯之门以此浮雕得名。

　　以弗所是阿尔忒弥斯崇拜的中心和许多伟大哲学家的诞生地，也是古代人口最稠密和最富有的城市之一。该城建于小迈安德河（Lesser Maeander）河口处，位于国王大道（Royal Highway）的尽头，有着悠久和丰富的历史。以弗所是珀加蒙王国的一部分，被阿塔罗斯三世一并遗赠给罗马人。罗马将其定为亚细亚行省的首府。即使在263年被哥特人洗劫后，以弗所仍居于首要地位，并很快恢复，但在7世纪中叶时被阿拉伯人摧毁。尽管供奉大地生育女神阿尔忒弥斯的神庙（于希腊化时期最后一次修复）已不复存在，但以弗所的建筑遗迹非常丰富，显然受到罗马的长期影响。这座城市的主要道路是阿卡狄亚纳大道（*Via Arcadiana*，于4世纪由阿卡狄乌斯皇帝重建，由此得名），从剧场延伸至港口，两旁矗立着列柱廊。剧场虽然是希腊风格，但在帝国时期进行了大规模的改造。体育场也在尼禄时期进行了改造，用于角斗和野兽狩猎。人们还新建了许多柱廊，用于美化城市的主要道路、喷泉和水神殿。奥古斯都时期，这些建筑用的是 C. 塞克斯提利乌斯·波利奥（C. Sextilius Pollio）输送

左图 塞尔苏斯图书馆（图片后景中可以看到上半部分）坐落在市场旁。集市是一大片被柱廊环绕的方形区域。

右上图 贸易市场的四面排列着许多商铺，于3世纪按照科林斯式风格重建。

右下图 图中的剧场位于皮昂山（Mount Pion）山坡，建于公元前3世纪，在罗马时期得到扩建，可容纳2.4万位观众。

到城市的水。罗马时期的主要建筑有音乐厅（有屋顶的小型剧场，由一位富有的公民P. 维迪乌斯·皮乌斯［P. Vedius Antoninus］建造）、塞拉皮斯神庙（建于2世纪的宏伟八柱式神庙）、图密善神庙、哈德良神庙（优雅且装饰华丽的小型建筑）和塞尔苏斯图书馆。该图书馆以宏伟和华丽的建筑风格而著称，由提图斯·尤利乌斯·阿奎拉·波勒曼努斯（Titus Julius Aquila Polemeanus）捐赠，以纪念其父（一位图拉真时期的元老院议员）。建筑正面是阶梯，门、窗和壁龛相互交错，呈现出独特的排列顺序。壁龛里摆放着雕像，各具寓意，其生动和复杂的装饰是典型的哈德良时代作品。建筑内部有一间墓室，安放着塞尔苏斯·波勒曼努斯（Celsus Polemeanus）的石棺。这种情况是极为罕见的，因为在当时，只有获得卓越功勋的公民才能葬在公共建筑里。

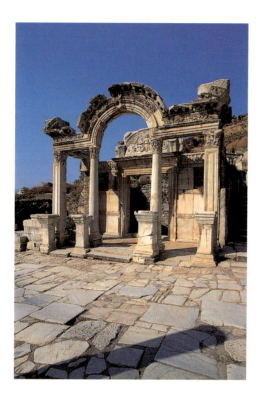

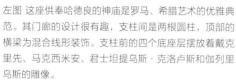

左图 这座供奉哈德良的神庙是罗马、希腊艺术的优雅典范。其门廊的设计很有趣，支柱间是两根圆柱，顶部的横梁为混合线形装饰。支柱前的四个底座层摆放着戴克里先、马克西米安、君士坦提乌斯·克洛卢斯和伽列里乌斯的雕像。

右图 塞尔苏斯图书馆外立面的四个壁龛中各藏有一尊女性雕像，象征着这位名人的主要美德。图为索菲亚（智慧）的化身。整座建筑在 1970 年到 1978 年得到修缮。

下页图 宏伟的塞尔苏斯图书馆是为纪念尤利乌斯·塞尔苏斯·波勒曼努斯，他是元老院议员兼以弗所行政官。其继承人建造了这座图书馆，并斥巨资购买书籍。极不寻常的是，这座罗马公共建筑还藏有塞尔苏斯的石棺。

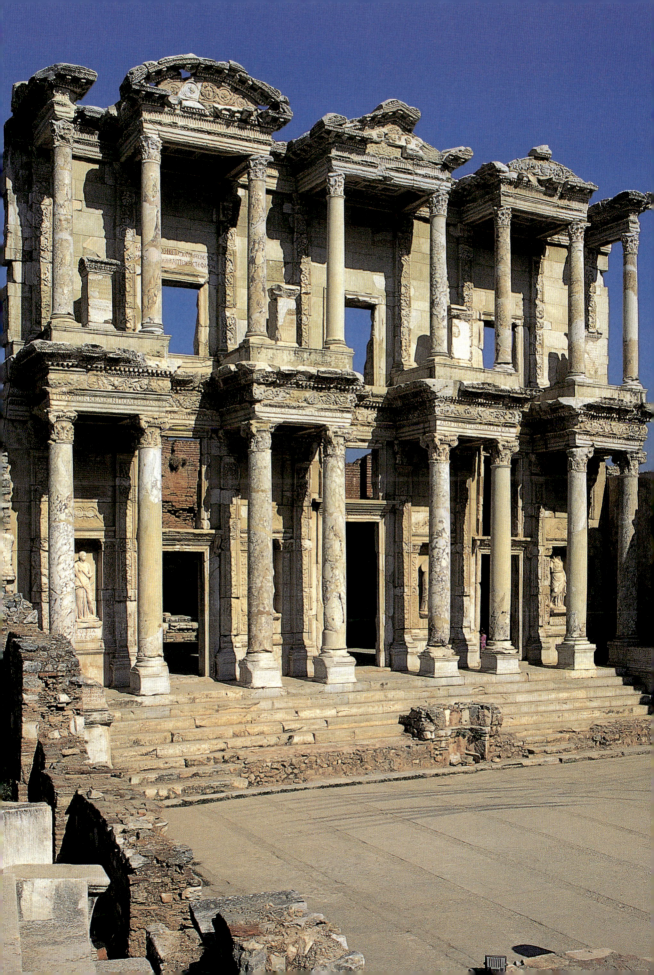

萨迪斯，
一座传奇的财富之城

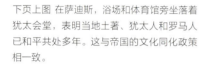

A 体育馆或"大理石庭院"　　E 体育场
B 犹太会堂　　　　　　　　F 剧场
C 铜宅　　　　　　　　　　G 阿尔忒弥斯神庙
D 巴西利卡　　　　　　　　H 卫城

下页上图 在萨迪斯，浴场和体育馆旁坐落着犹太会堂，表明当地土著、犹太人和罗马人已和平共处多年。这与帝国的文化同化政策相一致。

左下图 和其他地区一样，在小亚细亚，罗马和当地风格的融合产生了全新的建筑风格。萨迪斯的"大理石庭院"就是一个例子，该建筑拥有两排面向体育馆的圆柱，设计优美。

　　萨迪斯是小亚细亚的一座古城，地处赫尔墨斯（Hermus）河和帕克托洛斯（Pactolus）河的交汇处，长期以来一直是吕底亚的都城。克洛伊索斯国王统治时期，萨迪斯极为繁荣，国王还在该城建造了一座宏伟的宫殿。后来，萨迪斯受珀加蒙王国统治，在公元前 133 年并入罗马亚细亚行省。提比略时期，该城遭地震严重破坏，在哈德良的统治下又达到了新的辉煌，最终在拜占庭时代沦为废墟。萨迪斯具有重要的经济和文化意义，该城距离海岸约 100 千米，海岸边是一条波斯御道，将爱琴海地区和美索不达米亚地区连接起来。值得一提的是，据说，这里的人曾在帕克托洛斯河中提取出大量黄金，早在公元前 7 世纪就铸造出了金属硬币。考古学家对古城区进行了大规模的挖掘，发现了一座供奉阿尔忒弥斯的爱奥尼亚式神庙。该神庙建于公元前 4 世纪，在希腊化时期得到修缮。罗马时期新建和改建了许多建筑物。在当时，城市建筑以一条东西走向的柱廊道路为中心延展开来，如体育场、剧场、巴西利卡、浴

犹太会堂的大理石桌腿上装饰着两只鹰（这显然违反了禁止在礼拜场所装饰活物的犹太律法），这可能是因为该地离巴勒斯坦较远，导致了宗教戒律的弱化。该建筑中镶嵌着大量的大理石，可见当地犹太人的富裕程度。

场建筑群和体育馆，以及一座犹太会堂。这些建筑覆盖着大量精雕细琢的大理石。体育馆入口处的庭院风景优美，已由考古学家进行了大规模的重建，如今被称为"大理石庭院"，是塞维鲁时期罗马巴洛克风格的典型建筑，十分壮观。附属的犹太会堂是现存最大的犹太会堂，装饰着华丽的马赛克地板和庄严的大理石桌，桌腿上雕有鹰。从许多墓地和克劳狄娅·安东尼娅·萨宾娜（Claudia Antonia Sabina）的陵墓中发掘出的雕像和画作里，我们可以清晰地看到当地艺术与罗马艺术的融合。在后者的陵墓中，人们发现了一具华丽的石棺，上面装饰着圆雕人物像。萨迪斯城的用水由克劳狄皇帝捐赠的大型渡槽提供，通过复杂的陶管系统输送给居民。如今，萨迪斯成为热门考古遗址，是土耳其最著名的遗址之一。

东方诸行省，
种族和文化的大熔炉

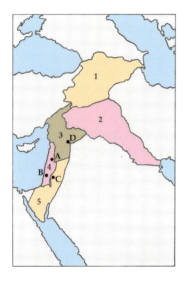

东方诸行省

1 亚美尼亚

2 美索不达米亚

3 叙利亚

4 叙利亚·巴勒斯坦

5 阿拉伯

A 巴勒贝克

B 恺撒利亚

C 格拉撒

D 巴尔米拉

下页图 黎巴嫩的巴勒贝克城曾被称为赫利奥波利斯，以神庙而闻名，
其中包括供奉墨丘利的壮丽神庙。

布斯拉位于现今的约旦，是纳巴泰王国的主要城市之一。106 年，图拉真对该城进行重建。布斯拉的剧场是保存最完好的罗马剧场之一。

"东方诸行省"指的是帝国东部遥远边界的广阔领土，包括亚美尼亚、亚述（只于 116—118 年作为帝国行省，位于美索不达米亚以东）、美索不达米亚、叙利亚和巴勒斯坦，以及阿拉伯。这些地区的历史悠久且复杂，罗马不得不应对当地迥异的情况，以及同样强大且具有威胁性的帕提亚帝国。居住着游牧民族的大片沙漠地区更是让罗马难以控制。目前看来，东部最重要的是叙利亚和巴勒斯坦地区。尤其是叙利亚，在塞维鲁时期达到鼎盛，这要部分归功于塞普提米乌斯·塞维鲁的第二任妻子尤利娅·多姆娜。她来自埃梅萨（叙利亚的霍姆斯）的祭司王家族，促使叙利亚文化和宗教传遍西方，远至罗马。此外，来自贝里图斯（*Berytus*，贝鲁特）法学院的伟大法学家帕比尼安和乌尔比安在政府担任要职。与之相反

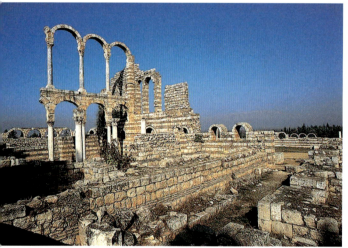

左上图和左中图 安贾尔坐落在贝卡谷地，位于现今的黎巴嫩，是连接贝鲁特和大马士革的商旅城市。这座罗马城市呈直角布局，在 1 世纪初期到 3 世纪后期蓬勃发展，在拜占庭时期也相当繁荣，至今仍保留着众多遗迹。

右下图 贝特谢安最早形成于公元前 5000 年，是以色列最古老的居住点之一。公元前 63 年，庞培征服该城市，并保留了其希腊名称锡索波利斯（Scythopolis）；帝国时期，该城得到大规模扩建，新建了一些主要建筑，包括一条列柱大道。

左下图 这两枚硬币纪念的是公元 70 年提图斯平定犹太。铜币上刻有韦斯帕芗的肖像，金币将犹太地区比作被征服的女性。三年前，犹太人爆发起义，罗马则摧毁耶路撒冷圣殿以镇压起义。

右上图 马萨达峭壁孤零零地坐落在以色列的死海沿岸。山顶上的堡垒是希律大帝下令建造的。他还修建了两座宏伟的住宅，供宫廷人员和贵宾使用，如奥古斯都的特使。在第一次犹太起义期间，堡垒被 960 名犹太教狂热信徒占领，他们抵抗弗拉维乌斯·席尔瓦 (Flavius Silva) 率领的第十军团的围攻长达三年之久。最终，公元 73 年，在由木头和碎石铺成的巨大坡道的帮助下，士兵们得以攻破城墙，最终拿下这座要塞，所有被围困的狂热信徒宁愿自杀也不愿被俘虏。

跨页图 贝特谢安原先建于图片右上方的山丘上，在罗马时期扩建至下方的平原。一条宽阔的柱廊道路从剧场开始一直延伸，直至与另一条道路相交，两旁商铺林立；十字路口矗立着一座神庙和一座水神庙。

的是，罗马的占领对当地文化生活的影响微乎其微。希腊语和叙利亚语仍是当地的常用语言，而拉丁语仅在大城市使用，作为行政和司法的官方语言。

安提俄克（安塔基亚）是帝国东部最大的城市之一，其他大城市还有塞琉西亚、劳迪西亚、阿帕米亚、贝里图斯和托莱迈德（*Tolemaide*）。新建的殖民地几乎没有。罗马人对周边行省的控制如此不稳固，以至于他们建起了防御边界，即和广阔的道路系统相连的紧密据点网络。该网络起始于叙利亚沙漠，经过大马士革通往巴尔米拉，延伸至幼发拉底河和更远的地方。

这些具有重要军事意义的地区在经济上也发挥了重要作用。通过巧妙运用水利工程，人们在漠地开垦出大片耕地，在农业方面取得了丰硕成果。紫染业和玻璃产业也非常繁荣。然而，该地的财富主要来自贸易。人们来回运送各种货物，足迹远至阿拉伯、印度和中国等东方国家，在沙漠和海洋之间穿梭。这就是腓尼基海岸众港口，以及商旅城市巴尔米拉、大马士革和格拉撒尤其繁荣的原因。长长的商队由骆驼和骡子组成，在支付过境费后穿越广阔的领土，有时还需要武装部队进行护送，以防盗匪袭击。

哈马（曾被称为埃皮法涅亚［Epiphaneia］）是叙利亚中部的一座古城。人们在此地进行了大量的挖掘工作，发掘出罗马晚期的一些珍贵的马赛克，时间大约在3世纪到4世纪之间。该城主要是一个商旅枢纽。

图中的男子面部表情夸张，是3世纪中叶在苏韦达发现的马赛克镶嵌画的一部分。和帝国晚期所有的叙利亚马赛克一样，它展现了镶嵌师高超的技艺，且使用了许多不同的颜色，可见其对色彩的喜爱。

贸易应缴税款显然影响了所运货物的价格，因此，货物主要是一些体积小和价值高的产品。除了政府税收外，商队经过每座城市都要缴纳关税。为此，城市配备了一系列设施，以便安置商人、动物和货物。"巴尔米拉关税"是一块石碑，上面刻有巴尔米拉语和希腊语两种语言，从中我们可以了解到商队运输的货物：奴隶、紫色布料、芳香油和香料、妓女、织物、盐和艺术品。这些行省的组织效率极高，尤其是在交通运输方面。

罗马人改进了现有的道路网络，该网络由阿契美尼德人建立，曾由亚历山大大帝开发，将马底格里斯河和幼发拉底河沿岸的陆路，以及从米堤亚、波斯通往叙利亚港口的商队路线，还有安纳托利亚的内陆道路连接起来。在美索不达米亚，诸如尼西比斯（努赛宾）和辛加拉等最东部的城镇都有军队驻扎。东部省份是不同种族和文明的大熔炉，在那里，希腊人、闪米特人和罗马人互相接触，彼此影响。

基督教在这里迅速传播开来，这些地区也成为基督教的主要中心。不同元素的混合出现在诸多考古遗迹中，如巴尔米拉、格拉撒、费拉德尔菲亚（安曼）、赫利奥波利斯（巴勒贝克）、大马士革、安提俄克、阿帕米亚和杜拉欧罗普斯。在这些城镇里，希腊、罗马和东方元素融合在一起，产生了辉煌且惊人的效果。

下页图 这幅华丽的肖像是某大型马赛克的一部分，描绘了珀琉斯和西蒂斯的婚礼，于阿拉伯行省菲利波波利的一座别墅中发现。约244年，罗马皇帝菲利普建立该城市，阿拉伯人菲利普就出生于附近的布斯拉。叙利亚艺术家深受希腊艺术的影响，加之模仿画作效果的渴望促使他们运用极小的镶嵌物和许多色彩，大大提升了马赛克艺术的水平。其马赛克的主题通常源自希腊和罗马神话，甚至在帝国晚期，直至4世纪前都是如此。

巴勒贝克，供奉着赫利奥波利斯三主神的城市

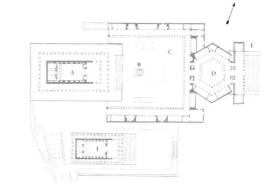

A "太阳神"朱庇特神庙   D 前厅
B 祭坛   E 入口
C 庭院   F 巴克斯神庙

巴勒贝克（位于如今的黎巴嫩）最早的起源和历史已难以考证，其现代名称（意为"巴尔的城市"）显然指的是太阳神巴尔。然而，当地人似乎最初崇拜的是哈达德。在希腊化时代，哈达德被认为是太阳和宙斯。因此，该镇被命名为"赫利奥波利斯"（太阳城）。朱里亚·克劳狄王朝时期，巴勒贝克成为罗马殖民地和永久驻军地，并被称为尤利亚－奥古斯塔－费力克斯－赫利奥波利塔纳（*Iulia Augusta Felix Heliopolitana*）。由于巴勒贝克离该地区的主要贸易路线较远，所以在贸易上没能发挥重要作用，但罗马人却增强了它在宗教崇拜上的重要意义。115 年，图拉真在远征帕提亚前，曾亲自前往"太阳神"朱庇特神庙寻求神谕，该神庙的名气由此可见。赫利奥波利斯的繁荣一直持续到 3 世纪上半叶，君士坦丁和狄奥多西时期，当地神庙被改建为教堂，该地后来成为一个主教教区。阿拉伯的入侵加速了它的衰落，之后几个世纪的多次地震将其化为瓦砾。巴勒贝克城的西部有一座宏伟的神庙，供奉着赫利奥波利斯三主神（朱庇特、维纳斯和墨丘利），是古典时期最重要的建筑群之一。供奉着朱庇特－哈达德（两者被认为是同一的）的神庙位于一片巨大建筑群的尽头，矗立在 14 米高的墩座上。不远处坐落着巴克斯神庙，保存更为完好，这座神庙实际上供奉着墨丘利，是一座科林斯围柱式神庙，其内部由优雅的科林斯半柱隔开。小巧而精致的圆形维纳斯神庙坐落在城市东西大道（*decumanus maximus*，东西向主干道）上。

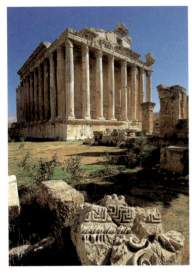

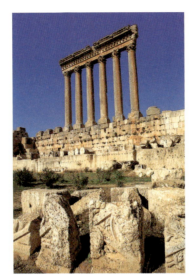

左上图 这座科林斯围柱式神庙，也叫巴克斯神庙，建于150—200年。

右上图 朱庇特神庙的六根石柱高19米，至今屹立不倒，其历史可以追溯到公元60年。

本跨页图 巴勒贝克神庙是叙利亚－罗马艺术最壮观的建筑之一。为了建造朱庇特神庙，罗马工程师将每块800吨重的石块切开运输。

下一跨页图 巴克斯神庙是罗马最华丽的神庙，其内部重建图展现了独特的建筑特征，如科林斯式半柱、供奉雕像上的华盖，以及花格平顶天花板。

恺撒利亚，
巴勒斯坦的海港城

A 剧场
B 希律王宫殿
C 罗马和奥古斯都神庙
D 港口

E 灯塔
F 渡槽
G 圆形剧场

　　恺撒利亚是如今以色列海法北部的一个繁荣港口，起源于腓尼基人。希腊化时期，它作为斯特拉托塔（Strato's Tower）而闻名。公元前 25 年—前 9 年，大希律王重建此城，将其命名为恺撒利亚，以纪念恺撒大帝。这座城市也被称为恺撒利亚 – 斯特拉托尼斯（*Caesarea Stratonis*），很快成为该地区的主要港口，以及地中海最繁忙的港口之一。公元 44 年，恺撒利亚成为犹太行省的省会，后改称巴勒斯提纳（*Palaestina*）。作为最后一个抵御穆斯林入侵的拜占庭据点，该城于 640 年被攻占。在过去的几十年里，这座城市得到大规模的发掘，同样呈现出一贯的直角布局，由 2.5 千米长的城墙包围。最重要的纪念性建筑有圆形剧场、赛马场（如今仍可以看到装饰矮墙的斑岩方尖碑碎块，以及转向柱 [1] 的遗迹）、浴场和剧场。

　　剧场的观众席已得到部分重建，如今用于举办音乐会。剧场附近的岬角坐落着希律王宫

这尊残存的红色斑岩雕塑发现于 1951 年，是 3 世纪的作品，再次点燃了人们对恺撒利亚的考古兴趣。

下页图 这座由希律王建造的人工港口如今已被水淹没，我们仍可以通过清澈的海水看见其轮廓。（底部）十字军用废土建造的路基遗址仍在水面之上。图中剧场附近的岬角曾坐落着希律王的宫殿。

1　标志前方需转向的标杆，每一端各有一个。

殿的遗址。广场区域矗立着庞大的罗马和奥古斯都神庙，甚至从遥远的海上都能看见。

恺撒利亚主要以希律王建造的巨大人工港口而闻名，该港口有两个内港，由大规模的防波堤保护。其中一条防波堤的尽头矗立着高高的灯塔。两条渡槽在迦密山脚下的泉水处分流，为城市供水。人们在主渡槽的一根支柱上发现了铭文，内容显示，该建筑在哈德良时期由第十海峡军团修复。在挖掘出的文物中，人们发现了一块刻有本丢·彼拉多之名的石块，具有重要的历史意义。铺有马赛克地板的犹太会堂也十分有趣。

下图 恺撒利亚的供水系统由两条渡槽组成，是巴勒斯坦地区最复杂的供水系统之一。主管道长8千米，大部分位于地面上方，架设在拱门上，将迦密山的泉水输送到城市。

格拉撒，
繁荣的商旅城镇

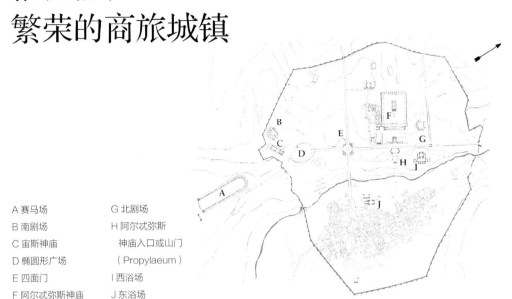

A 赛马场   G 北剧场

B 南剧场   H 阿尔忒弥斯

C 宙斯神庙   神庙入口或山门

D 椭圆形广场   （Propylaeum）

E 四面门   I 西浴场

F 阿尔忒弥斯神庙   J 东浴场

  格拉撒的现代名称是杰拉什，坐落在约旦巴拉达河岸的一个宽阔山谷中，由闪米特人建立。在被罗马兼并之前，格拉撒基本上是一座希腊化城市。1 世纪下半叶开始，它因商队贸易繁荣起来，在安东尼时期达到鼎盛。在 3 世纪到 4 世纪经历了一段时间的衰落后，格拉撒在查士丁尼的统治下恢复了短暂的繁荣。十字军东征期间，格拉撒被夷为平地，最终被遗弃，直到 1878 年才有人居住。其遗址保存完好，实际上是因为被人们遗忘了数百年。这座罗马城镇有着规则的布局，一条南北干道与两条东西干道相交，两条东西干道经由市中心的两座桥梁跨过河流。南门外是一座建于 130 年的凯旋门，有三个拱门。附近是一座赛马场，可容纳城 1.5 万人，建于 2 世纪或 3 世纪。城市的入口处矗立着宙斯神庙，其外立面共有八根圆柱，建于 163 年；还有一座南剧场，观众席可容纳 3000 名观众。宙斯神庙的对面是城市广场，设计独特。它并没有采用矩形平面，而是选用了长轴达 91 米的椭圆形。广场周围环绕着爱奥尼亚式圆柱组成的门廊，廊内是长排的商店。人们认为，格拉撒广场主要发挥了经济作用，而非政治和宗教作用，其偏离中心的位置也支持了这一观点。因此，罗马人可能曾允许阿尔忒弥斯神庙（位于市中心）继续作为社会和精神生活的中心。这座供奉着格拉撒守护女神的神庙坐落在一片 3.4 万平方米的圣地的中心，从南北大道（*cardo maximus*，南北向主

干道或中央大道）的一段宏伟阶梯可以通往此地。罗马时期的其他建筑还有城市北部
的第二座剧场、两座浴场（分别在河流两侧）、宏伟的四面拱门（位于南北大道上圆形
广场的中央），以及另一座相似的四面门（也坐落在南北大道上，没有前者壮观）。

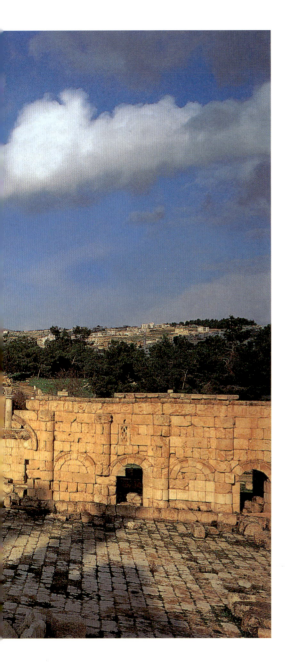

跨页图 椭圆形广场，也称"Oval Piazza"，是格拉撒最不寻常的纪念性建筑，也是罗马公共建筑中最独特的例外之一。它建于 2 世纪，采用爱奥尼亚式风格，仅用于商业贸易，不举办政治或宗教活动。

右图 格拉撒是一座起源于闪米特人的古镇，是被帝国征服后进行罗马化的典型案例。垂直布局取代了过去并不规则的布局，纪念性建筑明显沿着柱廊的主要道路排布。

跨页图　可以看到，巴尔米拉的建筑采用了西方的建造方法，但很大程度上保持了风格独立。比如，尽管贝尔神庙装饰着爱奥尼亚式和科林斯式的柱头，但布局似乎不受古典风格的影响。

巴尔米拉，
恢宏的沙漠都市

A 戴克里先堡
B 柱廊道路
C 广场
D 四面门
E 巴尔夏明神庙
F 剧场

G 凯旋门
H 贝尔神庙
I 陵墓

　　古时的巴尔米拉位于叙利亚沙漠的一片绿洲中，地处地中海和幼发拉底河之间。巴尔米拉凭借丰富的水资源成为该地最重要的商旅城市，因此早在公元前 4 世纪就达到了一定程度的繁荣。

　　被安东尼洗劫后，该城沦为废墟，但在后来得到恢复，尤其是从 1 世纪开始。当时，巴尔米拉在罗马帝国和帕提亚帝国之间保持中立，从而实现了极大繁荣。

　　2 世纪末，巴尔米拉成为罗马殖民地。而在 261 年，伽利埃努斯允许巴尔米拉独立，以感谢巴尔米拉城领主奥德奈图斯击败波斯人。奥德奈图斯的遗孀芝诺比娅对罗马充满敌意，她在小亚细亚和埃及大力推行扩张政

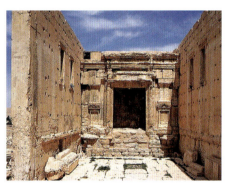

右上图 奥古斯都和伽利埃努斯时期，巴尔米拉艺术蓬勃发展，将当地的适型风格和西部的希腊－罗马元素融合在一起，别具一格。

左上图 该大柱廊建于 2 世纪，全长超过 1 千米。该建筑最有趣的地方是圆柱半腰处的支架，用于放置当地显贵的雕像。这是典型的地方元素，同时结合了古典建筑风格。

左下图 这张图为贝尔神庙的内殿，展现了其风格中最独特的一点，即入口位于其中一条长边，且建有窗户。尽管巴尔米拉人享有罗马公民身份，但在社会和艺术层面，当地习俗占据着主导地位。

策，后被奥勒良击败。奥勒良于 272 年摧毁该城。

6 世纪时，这座城市被阿拉伯人征服，最后被倭马亚王朝夷为平地。由于拥有许多保存完好的遗迹，巴尔米拉如今是中东地区最著名的考古遗址之一。巴尔米拉的地理位置优越，居于东西方之间，且人种混杂，因此产生了独特的艺术和文化形式，融合了阿拉米、闪米特、希腊和罗马元素。

这里的建筑物体现了这种融合，尤其是宏伟的贝尔神庙、巴尔夏明神庙（内殿的布置独特，由窗户照明）、壮观的柱廊道路，以及道路上的一座有趣的凯旋门（平面呈三角形）。其中，贝尔神庙装饰优雅，呈现出独特的结构特征，比如位于长边的入口、装饰着三角形锯齿物的檐口，以及由露天平台构成的屋顶，平台四角各有一个角楼。相比之下，剧场（同样保存完好）和戴克里先浴场则是典型的罗马风格。

埃及、克里特和昔兰尼加，与众不同的行省

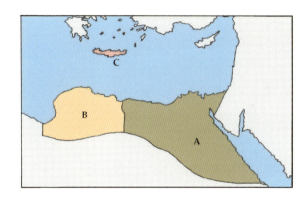

A 埃古普托斯
B 昔兰尼加
C 克里特

　　在亚克兴被屋大维击败后，克莱奥帕特拉七世自杀身亡，埃及成为最后一个被罗马吞并的希腊化王国。奥古斯都将其设立为皇帝直接统治的领土，通过埃及的代理长官管理该地。从一开始，继承了托勒密家族特权的罗马统治者就不得不处理希腊人（享有特殊的法律和税收权利）和犹太人之间的冲突。犹太人曾发起多次叛乱，其中最血腥的发生在克劳狄和图拉真时期。罗马对该地区的影响相当有限，而埃及文化却对罗马世界产生了巨大影响，尤其是在宗教和艺术领域。这种影响可以体现在对塞拉皮斯、伊希斯和奥西里斯的崇拜上。新统治者大力（尽管并不专业）模仿当地传统的建筑主题和艺术形象，菲莱岛上的图拉真祭亭就是一个例子。罗马时期，埃及最原始的艺术形式可能是"法尤姆肖像"，即一种放置在木乃伊脸上的木板绘画。

　　新建的城市很少，已建的城市主要是具有战略意义的军事前哨和商栈，其中包括巴比伦（一座图拉真时期的堡垒，建于如今的开罗）和安蒂诺波利斯（由哈德良建造，为纪念他最宠爱的安提诺斯）。埃及在帝国主要发挥着经济作用。从亚历山大港运来的大量谷物就产自埃及，珍贵的原料和奢侈品也来自该省。该地出口的产品包括各类大理石、赛伊尼（阿斯旺）采石场的粉色"方尖碑"花岗岩、克劳迪安山的灰色花岗岩和上埃及的红色斑岩。埃及垄断了纸莎草贸易，还以为罗马军队提供衣物的毛纺工业

307

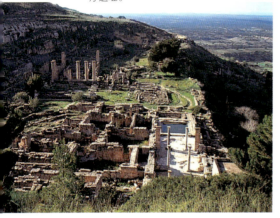

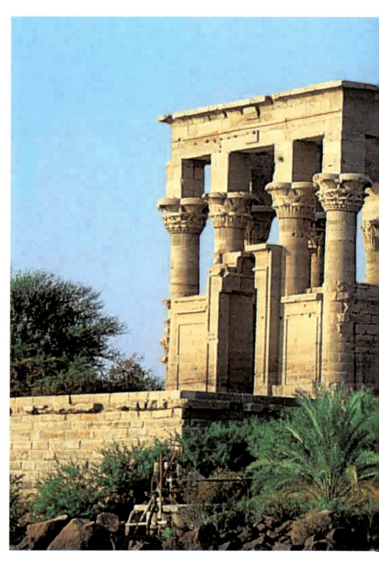

而闻名。骆驼在军事领域具有重要的战略价值。从 2 世纪开始，该地生产了各种骑乘骆驼的装备。欧洲人也曾使用这种强壮的动物，在高卢、日耳曼，甚至是不列颠等地发现的大量遗骸证明了这一点。埃及最南端的边界上驻扎着罗马军团，那里与努比亚和埃塞俄比亚的贸易相当频繁。红海的各大商业中心与印度进行着繁荣的贸易，从印度运回珍稀物品；贝仑尼塞港（Berenice）就以运送扎巴贾德的橄榄石（罗马人非常珍视绿宝石）而闻名。

许多商队的路线都是穿过沙漠，然后沿着海

右图 这幅帆布上的男子肖像画出土于安底诺（Antinoe），来自3世纪，画中简洁的线条体现了罗马绘画风格。除了用于葬礼外，类似的肖像画在整个帝国颇为常见。

跨页图 图拉真祭亭建于 105 年，坐落在埃及的菲莱岛上，毗邻著名的伊希斯神庙。

上页左下图 埃及行省最有名的艺术作品是一种肖像画，画家在木板或帆布上用蛋彩画颜料描绘死者的面庞，放在死者的脸上。

岸前往阿拉伯、佩特拉和巴勒斯坦，或是昔兰尼加。公元前 74 年，昔兰尼加成为罗马行省，但在后来被安东尼赠予他和克莱奥帕特拉的女儿。公元前 27 年，奥古斯都恢复了昔兰尼加的元老行省地位，将其并入克里特岛。由于犹太人和希腊人之间冲突激烈，昔兰尼加和埃及一样，存在治理困境。116 年犹太人掀起的血腥叛乱给当地带来了巨大破坏，后来在哈德良的治理下才得到部分修复。然而，自奥古斯都时期以来开始有所恢复的国家经济，却因双方的屠杀和破坏而造成无法挽回的损失。尽管如此，昔兰尼加仍以纯种马而闻名，直到 4 世纪末仍在出口马匹。

　　相比而言，克里特要和平得多，岛上也没有发生过重大事件，因此，罗马仅在当地驻扎少量军队。在这两个地区，罗马采取了相当自由的政策，该地城镇得以继续享有许多豁免权。

非洲，罗马的粮仓

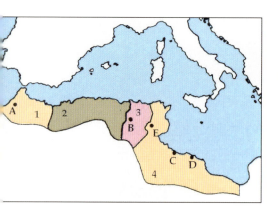

A 沃吕比利斯
B 提姆加德
C 塞卜拉泰
D 大莱普提斯
E 苏费土拉

1 廷吉塔纳－毛里塔尼亚
2 恺撒利恩西斯－毛里塔尼亚
3 努米底亚
4 总督非洲

阿非利加行省通常被描绘成一个戴着象头形头饰的女人，正如这只盘子所示。这件器皿发现于博斯科雷亚莱，来自1世纪。

下页上图 杰姆圆形剧场位于现今的突尼斯，是仅次于罗马斗兽场的第二大圆形剧场。古老的蒂斯德鲁斯位于内陆地区，距离大海约40千米，因生产和销售橄榄油，该地在2世纪到3世纪尤其繁荣。

公元前146年，罗马摧毁迦太基后，开始向非洲大陆进军。罗马在非洲建立的第一批行省是总督非洲和新阿非利加行省（努米底亚），后来又增设恺撒利恩西斯－毛里塔尼亚和廷吉塔纳－毛里塔尼亚行省。非洲的边界从今天的摩洛哥一直延伸到利比亚，是那时帝国最长的边界，总长约4000千米，地理环境多样，当地居民的文化和生活方式也千差万别。

罗马人对非洲感兴趣是因其港口具有战略意义。拥有了这些港口，罗马人就能完全控制地中海航线，以及该地区巨大的农业财富。由此，罗马人积极发展迦太基和希腊等滨海城镇，还建造了许多新城镇。与此同时，罗马扩建现有的商旅城镇，建造了更多新的城镇，如提姆加德，取得了对内陆和贵重商品贸易的控制权。便捷的道路网络将这些城镇与沿海港口连接起来。在港口，货物被装入货船，运往罗马。

在城镇周围的乡村，散布着当地富有地主的农

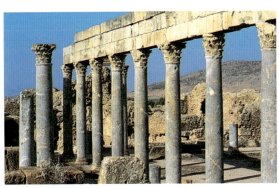

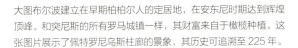

大图布尔波建立在早期柏柏尔人的定居地，在安东尼时期达到辉煌顶峰。和突尼斯的所有罗马城镇一样，其财富来自于橄榄种植。这张图片展示了佩特罗尼乌斯柱廊的景象，其历史可追溯至 225 年。

第三次布匿战争中，迦太基被夷为平地，后来在恺撒的命令下进行重建。

左上图 这幅马赛克可追溯到 3 世纪，发掘于苏塞，也就是今天的突尼斯。该画作描绘了一个神话片段，即宙斯伪装成一只鹰，带走了"最美丽的凡人"加尼米德，让他做众神的侍酒童。苏塞的许多马赛克如今收藏在突尼斯的巴尔多博物馆。

跨页图 该马赛克地板发现于苏塞，收藏在巴尔多博物馆，可见非洲各行省的高超艺术水平。该场景庆祝的是狄奥尼索斯统领自然之力和野兽的能力。这件马赛克的历史可追溯至 3 世纪。在当时，得益于和内陆地区进行贸易往来，以及用大型货船向罗马运送橄榄油，这座港口发展到顶峰。除了当地富人别墅的地板外，古老的哈德鲁米图姆几乎没有幸存下来的遗迹。

左下图 这幅描绘维吉尔的马赛克是 3 世纪的作品，发现于苏塞的一栋别墅中。画中，坐着的诗人手持一沓打开的纸莎草书卷，置于膝盖上，书卷里可以看到《埃涅阿斯纪》的第八节诗句。他的右边是历史女神克莱奥，左边是悲剧女神墨尔波墨。有趣的是，文化在古罗马扮演着非常重要的角色，因为它能给人们带来社会地位。

场。那里还保留着许多水坝的遗迹，这些水坝通过复杂的渠道系统对季节性水流进行收集和分配，用于农田灌溉。塞卜拉泰和大莱普提斯等城市繁荣的主要原因是丰富的谷物和橄榄油。大规模的谷物贸易给非洲带来了"罗马粮仓"的称号。与其他产品相比，政府对谷物贸易的控制要严格得多。向罗马定期供应谷物具有一定的政治意义。即使在奥古斯都时期，仍有约 15 万平民在接受公共救济。迦太基是主要的谷物运输港口，由奥古斯都下令重建。从 2 世纪开始，食油出口变得尤为重要；人们把油装在圆柱形的罐子里，这种罐子产自突尼斯的沿海城镇，还被用于储藏鱼酱。鱼酱是一种著名的酱汁，由腌制和发酵的鱼内脏制成，是罗马菜肴的基本配料。非洲是这一调味品的最大供应商，地中海和大西洋沿岸的许多工厂也生产这种调味品。非洲各省的另一重要

出口物是动物（竞技用的赛马，以及圆形剧场比赛用的野兽、狮子、豹子和大象）。人们用特殊的船只装载这些捕获的动物，将它们运送到远方。

罗马文明对非洲产生了深远的影响，这一点可以从很多幸存的古迹中看出来。尽管乡下人还在说迦太基语，并且崇拜巴尔神和塔尼特神（被认为等同于农神和凯莱斯提斯神），但非洲的官方语言和宗教始终与罗马保持一致。在哈德良皇帝远征时，非洲各行省达到了辉煌的顶峰，塞维鲁王朝更是推动了非洲的建设开发、文化发展和经济发展。2世纪起，当地人对罗马帝国的政治和精神生活也产生了重大影响。塞普提米乌斯·塞维鲁皇帝、弗朗托和阿普列尤斯等法学家和作家，以及大批基督教护教者（尤其是德尔图良和奥古斯丁）都对罗马帝国的非基督教或基督教文化做出了杰出贡献。

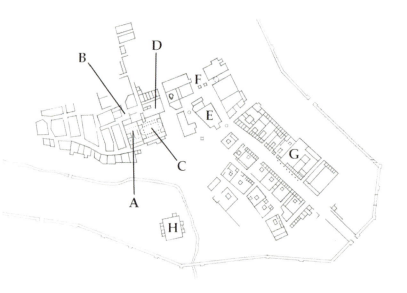

A 卡皮托尔神庙
B 广场浴场
C 巴西利卡
D 广场
E 浴场
F 卡拉卡拉凯旋门
G 戈尔迪安宫
H 神庙

沃吕比利斯，
帝国边缘的殖民地

　　沃吕比利斯是廷吉塔纳－毛里塔尼亚的一座古镇，位于如今的摩洛哥。公元前2世纪起，该地就是一个较为重要的原住民定居点，可能曾是国王朱巴二世的居所。在被罗马控制后，这里成为帝国行省代理的中心。公元44年，克劳狄授予该镇居民罗马公民身份，为其注入新的活力。3世纪，该镇迅速扩张。即使在查士丁尼时期被遗弃之后和沦为废墟之前，沃吕比利斯仍长期维持着表面的富裕。该镇由最初不规则的中心区和按直角排列的罗马区组成，坐落在一个向南倾斜的高原上，周围环绕着一圈马可·奥勒留时期的城墙。广场坐落在旧城和新区的分界上，面积广阔，四面环绕着柱廊，在安东尼努斯·皮乌斯时期进行了最后一次修缮。城镇东侧是一座巴西利卡，有两个半圆形后殿和三个入口；其中一条长边坐落着许多小房间，可能是办公室。四柱式卡皮托尔神庙（建于217年，马克里努斯统治时期）矗立在巴西利卡南边的一个高高的墩座上，对面是一个环绕着柱廊的小广场。这些柱廊下是一排构造各异

上图 沃吕比利斯的许多住宅都装饰着大量的马赛克镶嵌画，这表明城市里有不少靠商业和手工业富起来的中产阶级。

跨页图 卡拉卡拉凯旋门是沃吕比利斯保存最完好的建筑之一。两侧壁龛下的凹池表明，曾有两座喷泉雕塑置于其中。

巴西利卡坐落在广场的东侧。在毛里塔尼亚被罗马帝国吞并后，沃吕比利斯延续了首府的地位，并建立起新的纪念性建筑。

卡皮托尔神庙如今仅剩宽阔的入口阶梯，以及门廊的列柱，柱顶为科林斯式。沃吕比利斯主要在塞普提米乌斯·塞维鲁时期繁荣发展，且一直持续到 3 世纪。

的房屋，可能是学院所在地。另一片广场上矗立着卡拉卡拉凯旋门，主拱门的两侧各有一个小壁龛，可能建有喷泉。镇上还有两个浴场、一座橄榄加工厂、大量的窑炉，以及城墙外的神庙。城镇的用水由一条部分埋于地下的渡槽提供，该渡槽还为北浴场的喷泉供水。私人建筑体现了当地中产阶级较高的生活水平，他们通过工商业活动致富；一些私人住宅配有温泉浴室。戈尔迪安宫（Gordian's Palace）是一座大型私人住宅，坐落在东西大道上，可能是行省总督的宅邸。该镇的许多马赛克，尤其是那些带有几何图案的马赛克，显然影响了如今仍在生产的柏柏尔地毯的风格。

提姆加德，一座四方城

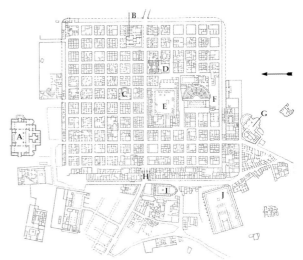

A 北部大浴场

B 东部大浴场

C 公共图书馆

D 东市

E 广场

F 剧场

G 南部大浴场

H 图拉真凯旋门

I 塞尔提乌斯市场

J 卡皮托尔神庙

　　100 年，努米底亚的提姆加德城由图拉真的老兵建立，名为玛西娅娜 – 图拉亚那 – 塔姆加迪（*Marciana Traiana Thamugadi*）。该地以前可能是原住民定居点，如今除了名字外没有留下任何遗迹。这座城市按直角轴排列，是典型的军营布局。起初，提姆加德被城墙包围，但城墙很快就被废弃了。可以看到，许多建筑位于原先的网格之外，且没有和直角轴对齐，比如卡皮托尔神庙。

　　这座堪称完美的四方城被东西走向的大道一分为二。由于城市南部被广场、剧场（观众席的修建利用了天然洼地）和其他公共建筑占据，因此将城市北部分为两半的南北大道，到城市南部就中断了。笔直的城市街道由石灰岩石板铺成，十字路口安置了许多喷泉。

　　三座主城门位于两条大道的末端，大道两侧矗立着柱廊。一条南北次干道旁有一个次入口，面朝南方。西门由宏伟且装饰华丽的图拉真凯旋门构成，该凯旋门有三个拱门。通往军队指挥官和行省总督中心拉迈西斯（*Lamaesis*，拉姆贝西［Lambesi］）的道路始于西门，通往努米底亚首都锡尔塔（君士坦丁）的道路始于北门。广场占据了一片巨大的四边形区域，周围环绕着柱廊，呈封闭式布局。柱廊后坐落着公共建筑，如巴西利卡、库里亚和讲坛。

　　广场中央矗立着许多凯旋纪念碑，如今只剩下基座。原来的城墙内有市场（两个半圆形的庭院旁分布着各种商铺）、至少 14 个浴场建筑群和一座图书馆。图书馆面向南北大道，是一座矩形的小型建筑，里面有一间半圆形内室，墙上有许多用于放书的凹进去的壁橱。这些书籍都是一种长条的羊皮纸卷。

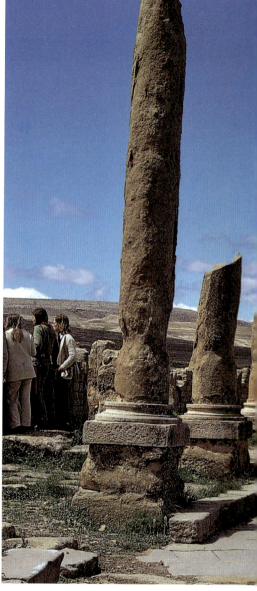

左图 图拉真凯旋门由三个拱门构成，是城市的西部入口。提姆加德虽然位处帝国的边缘地区，但也和其他罗马城市一样，建有常见的宏伟公共建筑。在罗马城市中昂贵的大理石材的使用还是少见的。

跨页图 塔姆加迪由图拉真建立，作为第三奥古斯都军团退伍老兵驻扎的殖民地。很快，这座城市变成了富有的农贸市场，蓬勃发展，在塞维鲁王朝时期更为繁荣。其规整的垂直布局表明，该城最初是一座军营。

　　两座供奉着克瑞斯和墨丘利的神庙矗立在剧场的西边，而农神庙位于北郊。卡皮托尔神庙并非像往常一样在广场附近，而是坐落在城市外围，孤零零地矗立在高高的墩座上，其门廊由六根科林斯圆柱组成。城市南部有一座靠近泉水的大型神庙，该地后来建起拜占庭堡垒。

　　城区西部的外围还有一座大型市场。住宅建筑极具代表性，富人的住宅体现了非

洲房屋的典型布局，且融合了希腊和罗马元素。人们还发现了漂洗工的商铺、陶器和其他产品的遗迹。提姆加德城主要由石头建造，很少使用贵重的大理石，而且几乎在所有公共和私人建筑中都能发现几何和植物图案的马赛克，该城因此闻名于世。一些基督时期的建筑表明，塔姆加迪在帝国晚期依旧繁荣。

塞卜拉泰，纪念建筑之城

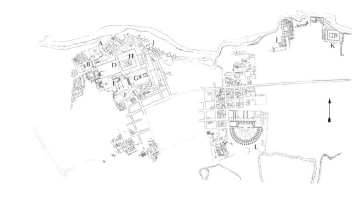

A 查士丁尼巴西利卡 H 利贝尔神庙
B 塞拉皮斯神庙   I 广场浴场
C 卡皮托尔神庙   J 浴场
D 广场   K 伊希斯神庙
E 巴西利卡   L 剧场
F 南部神庙
G 安东尼努斯·皮乌斯神庙

　　塞卜拉泰位于地中海沿岸，是一座古老的利比亚城市。公元前46年，恺撒废黜努米底亚国王，塞卜拉泰从此被罗马吞并。该城在奥古斯都时期已相当繁荣，在安东尼和塞维鲁时期发展到顶峰，这主要归功于贸易活动。许多幸存的民用建筑和宗教建筑都来自该时期。4世纪初，塞卜拉泰依旧繁荣。然而，随着来自内陆民族的袭击越来越频繁，该城很快开始衰落，最终在455年被汪达尔人洗劫一空。拜占庭时期，塞卜拉泰经历了短暂的恢复，但遭阿拉伯人占领和洗劫后，被人们完全遗忘了。港口和城市北部的部分地区后来被海水摧毁。考古挖掘揭露了这座城市宏伟的外观，其布局具有早期腓尼基城镇蜿蜒和杂乱的特点。卡皮托尔神庙、库里亚、塞拉皮斯神庙和利贝尔神庙俯瞰着塞卜拉泰历史最为悠久的广场。其中，父神利贝尔（*Liber Pater*，自由神）是非洲各行省最受欢迎的神灵之一。卡皮托尔神庙是典型的意大利神庙，矗立在高高的墩座上，可以从侧梯进入。大型广场的南侧是一座庞大的巴西利卡，不远处是安东尼努斯·皮乌斯神庙。城市东部的正交轴设计可以追溯到2世纪中叶；在那里坐落着赫拉克勒斯神庙、俄刻阿诺斯浴场（以温水浴室的马赛克主题命名）和剧场。其中，剧场的舞台是古罗马保存最完好的舞台之一。这座宏伟建筑（剧场）的东北方向是滨海的伊希斯神庙，坐落在巨大庭院的中央，庭院四周环绕着科林斯圆柱。圆形剧场建在一个旧采石场的低洼处，在城市以东很远的地方。塞卜拉泰还以基督建筑闻名，其建筑水平不亚于当地的罗马建筑。其中最有名的是查士丁尼巴西利卡，以华丽的马赛克而著称。

图片前景中的圆柱是一座富家别墅的柱廊的一部分，该别墅建于 2 世纪，位于剧场附近，在远处可以看到修复了一部分的剧场。

在广场区域，库里亚前厅的一些圆柱已被重新竖立起来。库里亚存在于所有的罗马城镇，是公民聚集讨论地方事务的会堂。

塞卜拉泰剧场建于 2 世纪末到 3 世纪初，是非洲保存最完好的剧场之一。舞台前方有三层不同式样的圆柱，舞台上饰有精美的浮雕。

大莱普提斯剧场建于奥古斯都时代，由当地一位富商资助。观众席的底部建在一个天然斜坡上，顶部则由碎石填充的坚固结构支撑。舞台后方装饰华丽的建筑是在 2 世纪中叶（安东尼努斯·皮乌斯时期）增建的。

赫拉克勒斯神庙建于 1 世纪初，位于旧广场区域，拥有大量的爱奥尼克式圆柱。前方的广场一直是该城市的中心，直到塞维鲁王朝时期进行了重建。广场上的第一座纪念性建筑由奥古斯都建立。

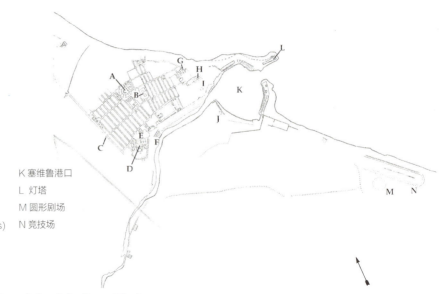

A 剧场
B 市场
C 塞普提米乌斯·塞维鲁凯旋门
D 哈德良浴场
E 健身围廊
F 水神庙
G 罗马和奥古斯都神庙
H 广场
I 库里亚
J 朱庇特·多立克努斯神庙
　(Temple of Jupiter Dolichenus)
K 塞维鲁港口
L 灯塔
M 圆形剧场
N 竞技场

大莱普提斯，
宏伟的大理石城

　　大莱普提斯是的黎波里塔尼亚的一座繁荣城市，由腓尼基人的居住点发展而来，也是两片沙洲之间的主要港口。公元前46年的塔普苏斯之战后，该城并入阿非利加行省。110年，即图拉真统治时期，大莱普提斯成为罗马殖民地。塞普提米乌斯·塞维鲁时期，该城发展到鼎盛。塞普提米乌斯于146年在大莱普提斯出生，后来在该地进行了大规模的建筑工程，赋予其宏伟的外观。由于出口从内陆运来的贵重物品（象牙、珍稀宝石、奴隶和奇珍异兽）和当地产品，这座大都市成为地中海盆地最富有的城市之一。大莱普提斯的金枪鱼腌制业和鱼酱生产业非常繁荣，同时以生产橄榄油而闻名。由于塞维鲁建造的码头出现了严重的设计错误，导致港口迅速淤塞，再加上内陆部落的侵袭，这座城市在4世纪开始衰落。随后，汪达尔人的入侵严重削弱了大莱普提斯。在查士丁尼时期经历了短暂恢复后，该城最终变成废墟。早在奥古斯都时期，城市未来的基本布局就已相当明显，即围绕着莱卜达旱谷（Lebda wadi）以西的两条稍不平行的主路延展开来。

跨页图 大莱普提斯市场是非洲最繁荣的市场之一。非洲内陆的商队带来贵重货物、奴隶和奇珍异兽，各国运送来大量的橄榄油，沿海地区则提供优质的鱼露和腌制鱼。

跨页图 塞维鲁王朝时期的建筑风格颇为奢华和生动，人们偏爱拥有半圆形后殿、壁龛和柱廊外立面的建筑。一个典型的例子是塞维鲁巴西利卡外、旧广场附近的大道，其设计非常有趣，使用了不同的石材铺设，以获得优雅的色彩效果。

左图 塞普提米乌斯·塞维鲁出生于大莱普提斯，他在这里修建了大量的建筑，将小镇变为一座宏伟的大都市。这张图展示了塞维鲁广场的一尊雕刻着美杜莎的圆形浮雕；可以清楚地看到，该雕塑强调光影的运用，以制造夸张的效果。

　　由于当地赞助人的慷慨捐献，这座城市在 1 世纪时修建了许多纪念性建筑，包括旧广场（周围矗立着库里亚、巴西利卡、利贝尔神庙、赫拉克勒斯神庙，以及罗马和奥古斯都神庙）和大型市场。市场的设计非常有趣，是一片矩形区域，边界围绕着柱廊，柱廊中有两座圆形凉亭，周围环绕着八角柱廊。附近坐落着剧场（建造时间稍晚于罗马的庞培剧场）和卡尔吉迪库姆，后者是一座优雅的建筑，建于公元 11 年，用作贸易中心。126 年，哈德良在城市东南部建了一座巨大的浴场和健身围廊，让整座城市变得更加壮观。塞普提米乌斯·塞维鲁曾下令在南北大道和莱卜达河床（延伸至城外）之间进行大规模的建筑工程。还新建了一条宽 20 米的城市大道，两旁矗立着柱廊，从哈德良浴场和庞大的水神庙附近开始，通往码头。道路西侧矗立着新广场和塞维鲁巴西利卡，这些建筑装饰着华丽的大理石、雕像和浮雕，雕刻内容通常为螺旋形莨苕叶、兽首和神话场

景。在南北干道和东西大道交叉口的四面拱门上，同样可以看到华丽的巴洛克风格的装饰。其壁柱和柱条上的饰带与巴西利卡的极为相似，而雕塑装饰则是各种政治和宗教场景，体现出拜占庭艺术风格。

下图 塞维鲁广场上的巴西利卡充分体现了 2 世纪后期流行的新风格。圆柱由红色花岗岩制成，柱头为白色大理石；半圆形后殿的柱子上刻有螺旋形莨苕叶。墙壁上挖凿了许多壁龛，使得砖石的坚固性下降。

跨页图 图为大莱普提斯最繁华时期的外观：巨大的柱廊道路一直延伸到港口，道路旁有一座塞维鲁时期的水神庙，港口左侧坐落着旧广场。剧场附近是卡尔吉迪库姆和市场。在图片的前景中，我们可以看到哈德良浴场，其后坐落着塞维鲁广场。

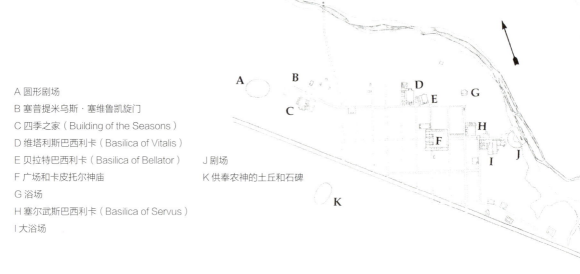

A 圆形剧场
B 塞普提米乌斯·塞维鲁凯旋门
C 四季之家（Building of the Seasons）
D 维塔利斯巴西利卡（Basilica of Vitalis）
E 贝拉特巴西利卡（Basilica of Bellator）
F 广场和卡皮托尔神庙
G 浴场
H 塞尔武斯巴西利卡（Basilica of Servus）
I 大浴场
J 剧场
K 供奉农神的土丘和石碑

苏费土拉，繁荣的农业中心

苏费土拉城中心按照典型的"百分田"分法建造，公寓楼呈长方形布局。广场居于中心地位。城镇的边界并无城墙包围，而是矗立着两座凯旋门。

下页图 不同寻常的是，苏费土拉的卡皮托尔神庙并非只有一间内殿的单座建筑，而是由三座独立的建筑组成。

　　苏费土拉是斯贝特拉附近的一座罗马城镇，位于今天的突尼斯，其历史没有任何书面记载。但人们根据考古挖掘得出了一个假设，即该城市建于1世纪下半叶。在一次镇压原住民部落的军事行动后，该城被建立起来，并沿着主要道路（通往该地区的其他主要城市）的十字路口发展起来。由于橄榄种植和食油产量丰富，苏费土拉在2世纪到3世纪达到辉煌顶峰，建立起许多宏伟的纪念性建筑。很快，该城变成了一个主教教区，在拜占庭时期发展繁荣，直至647年被阿拉伯人洗劫一空。保存完好的遗址已得到大规模发掘；城市的大部分区域已经被挖掘出来，可以很明显地看到，中心区域被划分为一栋栋公寓楼。苏费土拉的主要建筑有广场，三面环绕着柱廊，第四面是三座四柱式神庙，供奉着卡皮托尔三神。这些神庙由拱门连接，形成一道壮美的外立面。这座建筑群的对面矗立着一座凯旋门，共有三个拱门，建在广场的围墙之中。该凯旋门是献给皇帝安东尼努斯·皮乌斯的，在他统治期间，苏费土拉尤其繁荣。其

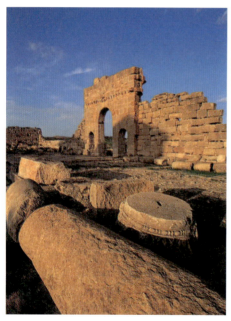

左上图 献给共治四帝的凯旋门只有一道拱门，两侧各有一个壁龛，前方竖立着圆柱，这种风格在非洲很常见。不同行省的凯旋门各不相同。

左下图 广场的边界矗立着一道墙，其中坐落着纪念安东尼努斯·皮乌斯的凯旋门，构成了一个宏伟的出入口，其历史可追溯至 139 年。苏费土拉主要在 2 世纪到 4 世纪繁荣发展。

跨页图 沿着一条柱廊大道可以到达安东尼努斯·皮乌斯凯旋门，道路两旁排列着商铺。

他重要的建筑物有圆形剧场，其平面布局独特，几乎为圆形；一座建在山坡上的剧场，向下延伸至附近的河谷；一座大型浴场；一座以塞普提米乌斯·塞维鲁之名命名的拱门，现已被毁；还有一座献给第一任共治皇帝的拱门，作为该城南部和北部的界线。城市用水由一条渡槽提供，该渡槽架于桥梁之上，横跨河谷，保存状况完好。还有五座基督时期的大型巴西利卡，显然经历过重建。

参考文献 | BIBLIOGRAPHY

历史与文明

A.A. V.V., *The Cambridge Ancient History*, Voll. V – IX, London, 1970.

Carcopino, J., *La vita quotidiana a Roma all'apogeo dell'impero*, Bari, 1967.

Connolly, P., *Greece and Rome at War*, London, 1981.

Cornell, T. and Mattews, J., *Atlas of the Roman World*, Oxford, 1982.

Cunliffe, B., *Rome and Her Empire*, Maidenhead, 1978.

Desideri, P., *L'imperialismo romano*, Messina, 1972.

Gabba, E., *Esercito e società nella tarda repubblica romana*, Florence, 1973.

Gibbon, E., *History of the Decline and Fall of the Roman Empire*, London, 1776, new edition 1979.

Levi, M. A., *L'impero romano*, Turin, 1963.

Levi, M. A., *L'Italia antica*, Milan 1968.

Millar, F., *The Roman World and Its Neighbours*, London, 1981.

Moscati, S. (edited by), *Vita quotidiana nell'Italia Antica*, Verona, 1993.

Paoli, U.E., *Vita romana, usi, costumi, istituzioni, tradizioni*, Florence, 1962.

Petit, P., *L'empire romain*, Paris, 1974.

Pisani, Sartorio G. and Liberati, Silverio A. M. (edited by), *Vita e costumi dei Romani antichi*, Rome, 1986.

Webster G., *The Roman Imperial Army*, London, 1969.

Wheeler, M., *Rome Beyond the Imperial Frontiers*, London, 1954.

艺术与建筑

Adam J–P., *La construction romaine. Materiaux et techniques*, Paris, 1984.

Becatti, G., *L'arte dell'età classica*, Florence, 1965.

Bianchi, Bandinelli R., *Rome, le centre du pouvoir*, Paris, 1969.

Bianchi, Bandinelli R., *Rome, la fin de l'art antique*, Paris, 1970.

Boëthius, A. and Ward–Perkins, J.B., *Etruscan and Roman Architecture*, Harmondsworth, 1970.

Borda, M., *La pittura romana*, Milan, 1958.

Chiolini, P., *I caratteri distributivi degli antichi edifici*, Milan, 1959.

Coarelli, F., *L'oreficeria nell'arte classica*, Milan, 1966.

Mansuelli, G. A., *Roma e il mondo romano*, Turin, 1981.

Mumford, L., *The City in History*, Vol. II, New York, 1961.

Picard, G. C., *L'art romain*, Paris, 1962.

Ragghianti, C. L., *Pittori di Pompei*, Milan, 1963.

Richmond, J., *Roman Archaeology and Art*, London, 1969.

Ward-Perkins, J.B., *Roman Architecture*, London, 1973.

Wheeler, M., *Roman Art and Architecture*, London, 1964.

考古遗址

Aurigemma, S., *Villa Adriana*, Rome, 1962.

Bianchi, Bandinelli R. and Becatti, G. (edited by), *Enciclopedia dell'Arte Antica Classica e Orientale*, Rome, 1959–1966.

Bisel, S. C., *The Secrets of Vesuvius*, Toronto, 1990.

Breccia, A.E., *Egitto greco-romano*, Pisa, 1957.

Brizzi, M., *Roma: i monumenti antichi*, Rome, 1973.

Coarelli, F., *Roma*, Milan, 1971.

De Franciscis, A., *The Buried Cities: Pompeii and Herculaneum*, New York, 1978.

Drinkwater J., *Roman Gaul*, London, 1983.

Giuliano A., *La cultura artistica delle province della Grecia in età romana*, Rome, 1965.

Holum, K.G. and others, *King Herod's Dream - Caesarea on the Sea*, New York and London, 1988.

La Rocca, E., de Vos, A. and de Vos, M., *Guida archeologica di Pompei*, Milan, 1976.

Maiuri, A., *Pompei ed Ercolano fra case e abitanti*, Milan, 1959.

Pavolini, C., *Ostia*, Bari, 1983.

Pugliese, Carratelli G. (edited by), *Enciclopedia dell'Arte Antica Classica e Orientale*, Rome, 1994.

Richmond, I.A., *Roman Britain*, London, 1967.

Romanelli, P., *Storia delle province romane dell'Africa*, Rome, 1959.

Romanelli, P., *Topografia e Archeologia dell'Africa Romana*, Turin, 1970.

Romanelli, P., *In Africa e Roma*, Rome, 1981.

Stern, E. (edited by), *New Encyclopedia of Archaeological Excavations in the Holy Land*, Voll. I–IV, Jerusalem, 1993.

Tarrats, Bou F., *Tarraco*, Tarragona, 1990.

Wiseman, F.J., *Roman Spain: An Introduction to the Roman Antiquities of Spain and Portugal*, London, 1956.

期刊

Archeo. Attualità del passato, De Agostini – Rizzoli Periodici, Via Cassia 1328, Rome.

Archeologia Viva, Giunti Gruppo Editoriale Firenze, Via Bolognese 165, Florence.

"至高无上"的朱庇特是罗马万神殿中地位最高的神，掌管天空、光明和雷电。卡皮托林山顶的一座宏伟神庙就用来供奉朱庇特。

图书在版编目（CIP）数据

古罗马 /（意）安娜·玛丽亚·利贝拉蒂，（意）法
比奥·波尔本著；赵天奕译. -- 北京：中国友谊出版
公司，2023.7
ISBN 978-7-5057-5527-7

Ⅰ. ①古… Ⅱ. ①安… ②法… ③赵… Ⅲ. ①古罗马
－历史 Ⅳ. ①K126

中国版本图书馆CIP数据核字(2022)第222757号

著作权合同登记号 图字：01-2023-0562

White Star Publishers® is a registered trademark property of White Star s.r.l.
© 1996 White Star s.r.l.
Piazzale Luigi Cadorna, 6
20123 Milan, Italy
www.whitestar.it
本书经由中华版权代理总公司授权北京创美时代国际文化传播有限公司。

书名	古罗马
作者	[意] 安娜·玛丽亚·利贝拉蒂　法比奥·波尔本
译者	赵天奕
出版	中国友谊出版公司
发行	中国友谊出版公司
经销	新华书店
印刷	北京通州皇家印刷厂
规格	787×1092毫米　16开
	21.25印张　299千字
版次	2023年7月第1版
印次	2023年7月第1次印刷
书号	ISBN 978-7-5057-5527-7
定价	198.00元
地址	北京市朝阳区西坝河南里17号楼
邮编	100028
电话	(010) 64678009

如发现图书质量问题，可联系调换。质量投诉电话：（010）59799930-601

出 品 人：许　永
出版统筹：海　云
责任编辑：许宗华
特邀编辑：蒋运成
封面设计：张传营
版式设计：万　雪
印制总监：蒋　波
发行总监：田峰峥

发　　行：北京创美汇品图书有限公司
发行热线：010-59799930
投稿信箱：cmsdbj@163.com

官方微博

微信公众号